Die bedrohlichsten Tiere der Welt

Karolin Küntzel

Vorwort

Kuscheltiere findest du in diesem Buch nicht! Denn hier sind die gefährlichsten Räuber, giftigsten Schlangen und aggressivsten Tiere versammelt. Egal, ob sie drei Meter groß sind oder nur ein paar Zentimeter, ob sie mit scharfen Krallen, riesigen Zähnen oder großer Kraft aufwarten, mit Gift oder tödlichen Bakterien – für ihre Opfer gibt es kein Entrinnen!

Zu jedem Tier findest du neben vielen Fotos Steckbriefe mit den wichtigsten Informationen. Du erfährst alles über ihre Lebensweise, ihre Lieblingsbeute und ihre faszinierenden Kampftechniken. Eine Gefährlichkeitsskala zeigt dir an, ob ein Tier tödlich, lebensbedrohlich oder „nur" äußerst gefährlich ist. Also trau dich und begib dich in die spannende Welt von Piranha, Grizzlybär und Boa constrictor!

Ein Quiz am Ende des Buches verrät dir, ob du für die freie Wildbahn mit ihren tödlichen Tieren gewappnet bist. Und wenn du mal ein Wort nicht kennst, hilft dir das Glossar weiter.

compact kids ist ein Imprint der Compact Verlag GmbH

© Compact Verlag GmbH
Baierbrunner Straße 27, 81379 München

Alle Rechte vorbehalten. Nachdruck, auch auszugsweise, nur mit ausdrücklicher Genehmigung des Verlages gestattet.

Text: Karolin Küntzel
Chefredaktion: Dr. Matthias Feldbaum
Redaktion: Susann Harring, Elena Bruns
Fachredaktion: Lars Wilker
Produktion: Frank Speicher
Abbildungen: siehe Bildnachweis S. 144
Titelabbildung: www.shutterstock.de: Surachai
Gestaltung: ekh Werbeagentur GbR
Umschlaggestaltung: Hartmut Baier, PIXELCOLOR

ISBN 978-3-8174-9512-2
381749512/1

www.compactverlag.de

Inhaltsverzeichnis

Weißer Hai	4
Eisbär	8
Seeigel	12
Boa constrictor	16
Vampirfledermaus	20
Portugiesische Galeere	24
Schwarzer Panther	28
Gila-Krustenechse	32
Hyäne	36
Piranha	40
Sandrasselotter	44
Schwarze Witwe	48
Rotfeuerfisch	52
Elefant	56
Speikobra	60
Kugelfisch	64
Komodowaran	68
Wildschwein	72
Blaugeringelter Krake	76
Pfeilgiftfrosch	80
Flusspferd	84
Anakonda	88
Dornenkronenseestern	92
Gürtelskolopender	96
Tiger	100
Anophelesmücke	104
Seeschlange	108
Grizzly	112
Aga-Kröte	116
Schwarze Mamba	120
Steinfisch	124
Nashorn	128
Krokodil	132
Stachelrochen	136
	140
Quiz	142
Glossar	144
Bildnachweis	

Weißer Hai

4

Die schwimmende Bestie

Der Weiße Hai verkörpert spätestens seit dem gleichnamigen Film das Grauen eines jeden Schwimmers und Surfers in den haigefährdeten Küstengebieten. Seine furchterregende Größe, das gewaltige Gebiss sowie sein verschlagener Gesichtsausdruck haben ihm den Ruf eines kaltblütigen Killers eingebracht, der auch vor Menschenfleisch nicht haltmacht. Was ist dran an den Horrorgeschichten?

WANTED
WEISSER HAI

Länge: bis zu 7 Meter

Farbe: hellgrau, bräunlicher oder blaugrauer Rücken, weißer Bauch

Lebensraum: weltweit in allen Ozeanen und im Mittelmeer, keine Vorkommen in Kaltzonen

Nahrung: Robben, Seelöwen, Delfine, See-Elefanten, kleine Wale, andere Haie, Fische, Schildkröten, Seeotter, Seevögel, aber auch Aas

Waffe: Revolvergebiss

- tödlich
- **lebensbedrohlich**
- äußerst gefährlich
- gefährlich

Das Gebiss als Waffe

Der Weiße Hai hat eine beeindruckende Menge an Zähnen. Sie stehen in mehreren Reihen hintereinander und ständig werden in den hinteren Zahngruben neue Zähne gebildet. Fallen die vorderen Zähne aus, rücken automatisch die Zähne aus der zweiten Reihe nach und klappen in Position.

Diese Art von Gebiss nennt man Revolvergebiss. Die Gefährlichkeit des Weißen Hais liegt vor allem in seiner enormen Beißkraft, die zu den stärksten in der Natur gehört.

WAS GRINST DER SO?

Die dreieckigen Zähne der vorderen Reihe kannst du selbst bei geschlossenem Maul sehen, was dem Hai einen fies grinsenden Ausdruck verleiht.

Feine Sinne

Der Weiße Hai hat außerordentlich feine Sinne. Er kann nicht nur sehen, riechen, schmecken und tasten, sondern hat zusätzlich zwei weitere Sinne. Mit den Lorenzinischen Ampullen, einem elektrischen Sinnesorgan unter der Kopfhaut, nimmt er Beutetiere wahr. Das Seitenlinienorgan dient dazu, Wasserbewegungen zu erkennen, die ihm den Standort seiner Beute verraten.

Gefräßige Räuber

Weiße Haie sind Fleischfresser und nicht besonders wählerisch, was ihre Nahrung betrifft. Sie fressen fast alle Meerestiere, die ihnen vor das gewaltige Maul kommen, und machen auch vor toten Tieren nicht Halt.

Schnelle Schwimmer

Die Weißen Haie sind ausgezeichnete und wendige Schwimmer. Haben sie ein Beutetier erspäht, schießen sie mit einer Geschwindigkeit von bis zu 60 Kilometern pro Stunde auf es zu. Das ist schneller, als deine Eltern mit dem Auto in der Stadt fahren dürfen.

SCHÖN IN BEWEGUNG BLEIBEN

Im Gegensatz zu den meisten anderen Fischen haben Haie keine Schwimmblase, die für Auftrieb sorgt. Deshalb müssen sie ständig Schwimmbewegungen machen, um nicht auf den Meeresgrund zu sinken.

Haiangriff!

Obwohl Menschen nicht zu ihrer natürlichen Beute gehören, steht der Weiße Hai im Ruf, ein blutrünstiger Menschenfresser zu sein. Dabei entspringen Haiangriffe auf Menschen verhängnisvollen Verwechslungen.

MEHR ÜBERLEBENDE ALS TOTE

Nicht jeder Haibiss endet tödlich. Laut Statistik überleben neun von zehn Menschen einen Angriff des Weißen Hais.

Mensch oder Robbe?

Wenn du im Wasser schwimmst oder auf einem Surfbrett paddelst, siehst du für den Hai von unten aus wie eine Robbe, sein Beutetier. Nach dem Probebiss stellt er zwar fest, dass du keine Robbe bist und lässt von dir ab. Dir hilft das aber wenig, wenn dieser eine Biss dich bereits lebensgefährlich verletzt hat.

Vom Jäger zum Gejagten

Besonders nach tödlichen Haiattacken kommt es vor, dass Weiße Haie zum Abschuss freigegeben und gejagt werden. Dabei gibt es nicht mehr viele von ihnen und der große Räuber steht auf der Liste der gefährdeten Arten. Selbst in ausgewiesenen Schutzgebieten haben es die Tiere nicht leicht. Sie verfangen sich in Hainetzen, die zum Schutz von Schwimmern gespannt werden, oder landen als Beifang in den Netzen der Fischer.

Eisbär

Landesmeister

Der Eisbär ist der größte Jäger an Land. Ausgewachsene männliche Tiere werden bis zu 3,4 Meter lang, wenn man von der Nasenspitze bis zum Schwanz misst. Sie bringen bis zu 800 Kilogramm auf die Waage, das entspricht in etwa dem Gewicht von zehn erwachsenen Männern.

Kraftprotz

Die enorme Kraft verdankt der Eisbär seinem Knochenbau. Mit seinen langen und schweren Knochen, dem massigen Schädel und einem kräftigen Nacken ist er für schlagkräftige Kämpfe gut gerüstet. Darüber hinaus ist er sehr ausdauernd und schnell. Eisbären legen weite Strecken an Land und im Wasser zurück, ohne zu ermüden.

Robben riechen

Die weißen Giganten haben einen ausgeprägten Geruchssinn. Stell dir vor: Sie riechen ihre Lieblingsmahlzeit, die Robbe, auf eine Entfernung von 32 Kilometern. Damit riechen sie weit besser als Wölfe, die ihre Beute aus 2,5 Kilometern Entfernung erschnuppern.

Allerdings gibt es in der Arktis über den weiten Eisflächen insgesamt wenig andere Gerüche, die stören könnten.

WANTED
EISBÄR

Größe: bis zu 1,6 Meter hoch und bis zu 3,4 Meter lang

Farbe: weiß, weißgelblich

Lebensraum: Arktis

Nahrung: Robben, Lachse, Lemminge, Vögel, Aas

Waffe: Kraft, scharfe Zähne und Krallen

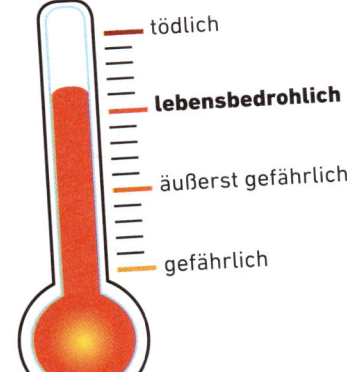

tödlich
lebensbedrohlich
äußerst gefährlich
gefährlich

9

Monster-Tatzen

Eisbären-Tatzen können so groß wie Suppenteller sein und an die 18 Kilogramm wiegen. Stell dir bloß mal vor, da wiegt eine Tatze allein so viel wie ein Kind oder ein ausgewachsener Hund. Die im Zoo so kuschelig aussehenden Tiere setzen die Tatzen als tödliche Waffen gegen ihre Beute ein.

Und auch noch Krallen

Ein Schlag reicht aus, um eine Robbe zu töten oder zumindest bewusstlos zu schlagen. Zusätzlich haben die weißen Bären scharfe Krallen. Sie benutzen sie wie Haken und können mit ihnen eine Robbe direkt aus dem Wasser auf das Eis ziehen.

WEISS WIE EIS

Eisbären sind durch ihre Farbe perfekt getarnt. Ihr weißes Fell ist von dem gleichfarbigen Schnee und Eis kaum zu unterscheiden.

Jagdglück

Seine gute Nase hilft dem weißen Riesen, die Wasserlöcher zu finden, an denen die Robben auftauchen, um Luft zu schnappen. Dort wartet er geduldig, bis sich eine von ihnen zeigt, und schlägt erbarmungslos zu.

Hat der Eisbär eine Robbe erlegt, verspeist er ihre Haut und die Fettschichten, die darunterliegen. An Fleisch und Knochen ist ein gut genährter Bär dagegen nicht interessiert.

Mega-Magen

Im Verhältnis zu ihrem Körper haben Eisbären einen riesigen Magen. Sie können Unmengen an Nahrung auf einmal zu sich nehmen. Der Vorteil liegt auf der Hand. Haben sie einen guten Fang gemacht, fressen sie so viel, wie es zu fressen gibt.

Die enormen Fettmengen, die sie dabei aufnehmen, speichern sie im Körper. In Zeiten, in denen kein Fang zu machen ist, leben sie von diesen Fettreserven und kommen so lange Zeit ohne neue Nahrung aus.

BEDROHTER LEBENSRAUM

Durch die Klimaerwärmung schrumpfen die Jagd- und Lebensräume der Raubtiere. Auf der Suche nach Nahrung wagen sie sich deshalb immer näher an menschliche Siedlungen heran. Eine lebensbedrohliche Situation für Mensch und Tier.

Von wegen kuschelig

Ausgewachsene Eisbären sind imposante Gestalten. Erst recht, wenn sie sich auf die Hinterbeine stellen und die Tatzen heben. Dann überragen sie dich um einiges. Allzu nah solltest du einem Eisbären also niemals kommen.

Eisbär und Mensch

Menschen zählen zwar nicht zu ihrer ursprünglichen Beute, sie schrecken aber auch nicht vor einem tödlichen Hieb zurück, wenn sie sich bedroht fühlen oder ihre Jungen beschützen wollen. Auch halbwüchsige Eisbären lassen es gern mal auf ein Kräftemessen ankommen.

11

Seeigel

12

Die Gefahr am Meeresboden

Seeigel finden sich in Küstennähe auf sandigem oder felsigem Untergrund sowie auf Korallenbänken. Auf ihrem harten Kalkskelett tragen sie wehrhafte Stacheln, die beweglich sind. Mit ihnen schützt sich der Seeigel vor Fressfeinden. Die Verteidigung des Seeigels kann für den Menschen lebensbedrohliche Folgen haben, denn einige Arten sind giftig.

„Stachelbeine"

Mit den Stacheln kann sich der Seeigel aber auch fortbewegen. Das kannst du dir so ähnlich vorstellen wie einen Stelzenlauf.

Nicht ohne meine Badeschuhe

In Gebieten, in denen Seeigel vorkommen, solltest du nie ohne Badeschuhe ins Wasser gehen. Einige Arten verstecken sich tagsüber gern in Höhlen, sodass ihre dünnen Stacheln kaum zu sehen sind.

Trittst du aus Versehen darauf, brechen die Stacheln sofort ab und bohren sich in deinen Fuß. Manche von ihnen so tief, dass die Einstichstelle lediglich an einer bläulichen Verfärbung zu erkennen ist. Solche Stacheln sind nur sehr schwer wieder zu entfernen.

WANTED
SEEIGEL

Größe: mit Stacheln bis zu 30 Zentimeter

Farbe: schwarz, rot, rot-weiß, zum Teil mit braun-weißen oder violett-weißen Stacheln

Lebensraum: Indopazifik, Rotes Meer, Küstengebiete von Ostafrika, Hawaii, Polynesien, Japan, Australien, einige Arten auch im Mittelmeer und im Atlantik

Nahrung: Algen, Korallenpolypen

Waffe: Gift

- tödlich
- lebensbedrohlich
- **äußerst gefährlich**
- gefährlich

Vergiftet!

Hast du dir einen Stachel eingetreten, merkst du das sofort an einem starken stechenden Schmerz. Je nach Seeigelart kommt es dann zu Rötungen und Schwellungen, der Blutdruck steigt und Lähmungserscheinungen treten auf.

Giftige Arten

Die Stacheln des besonders giftigen Giftzangen-Seeigels können sogar die Atmung lähmen und damit zum Tod führen. Besondere Vorsicht ist auch beim Lederseeigel und beim Diademseeigel geboten.

Giftzangen-Seeigel

Einige Begegnungen mit dem Giftzangen-Seeigel verlaufen tödlich, denn er ist einer der giftigsten Stachelhäuter. Das Gift wird über Greifzangen, die Pedicellarien, abgegeben. Die Stacheln selbst sind sehr kurz und liegen unterhalb der Greifzangen. Mit ihnen fängt er kleine Tiere. Algen stehen bei ihm wie bei allen anderen Seeigeln zusätzlich auf dem Speiseplan.

NÄCHTLICHE RUMTREIBER

Lederseeigel und Diademseeigel sind nachtaktiv. Tagsüber verstecken sie sich in Höhlen oder unter Felsvorsprüngen, nachts gehen sie auf Beutezug.

Lederseeigel

Wegen seiner tödlichen Stacheln, die einen stark brennenden Schmerz auslösen, heißt er auch Feuerseeigel. Anders als andere Seeigel besitzt er ein flexibles Gehäuse. Besonders auffällig sind die schillernden, kurzen Stacheln, die mit kleinen empfindlichen Kugeln versehen sind. In ihnen ist das Gift.

Bei Berührung platzen die Kugeln und setzen den tödlichen Stoff frei. Neben starken Schmerzen sind Übelkeit, Schock und Psychosen die häufigsten Symptome.

SPITZES FUTTER

Trotz ihrer Stacheln sind Seeigel bei einigen Fischen eine beliebte Speise. Um an die weiche Unterseite zu gelangen, pusten besonders erfinderische Fische den Seeigel mit Wasser an, damit er umkippt.

Diademseeigel

Seine Stacheln sind bis zu 30 Zentimeter lang und extrem dünn. Innen sind sie hohl. Durch sie wird das Gift in den Körper des Opfers gepumpt und löst schmerzhafte Entzündungen sowie Lähmungserscheinungen aus.

Die kalkhaltigen und rauen Stacheln brechen in der Wunde ab. Sie sind vom Betroffenen selbst nur sehr schwer zu entfernen. In den meisten Fällen muss das ein Arzt machen. Er kontrolliert dann auch gleich, wie stark die Vergiftung durch die Stacheln ist.

Boa constrictor

16

Kleiner Riese

Die Boa constrictor gehört zu den kleineren Riesenschlangen, dabei kann auch sie stolze 3,5 Meter lang werden. Die meisten Exemplare sind allerdings „nur" um die zwei Meter lang, das ist immer noch Furcht einflößend genug.

WANTED
BOA CONSTRICTOR

Länge: 1,5 bis 3,6 Meter

Farbe: Grundfarbe grau, braun, beige, auf dem Rücken große dunkle Flecken, Ketten- oder Rautenmuster

Lebensraum: Süd- und Mittelamerika, Kleine Antillen

Nahrung: kleine Säugetiere, Vögel, Fledermäuse, Echsen

Waffe: Kraft, Würgen

- tödlich
- lebensbedrohlich
- äußerst gefährlich
- **gefährlich**

Schwer und ohne Feinde

Eine ausgewachsene Boa bringt bis zu 60 Kilogramm auf die Waage. Allein kann man so ein Tier kaum noch bewegen. Aufgrund ihrer Größe und ihres Gewichts hat eine ausgewachsene Boa keine natürlichen Feinde und kann bis zu 50 Jahre alt werden.

Im Würgegriff

Die Riesenschlange hat unglaubliche Muskeln. Die braucht sie auch, denn über eine andere Waffe verfügt sie nicht. Um ihre Beute zu erlegen, wickelt sie sich, sooft es geht, um sie herum. Dann spannt sie ihre Muskeln an und drückt ihrem Opfer nach und nach die Luft ab. Jedes Mal, wenn ihr Gefangener nach dem Einatmen auch wieder ausatmen muss, drückt sie fester zu. Irgendwann bekommt das Beutetier keine Luft mehr und erstickt qualvoll.

Verfolgen…

Hat die Boa Hunger, verfolgt sie mögliche Beutetiere. Dazu muss sie nicht besonders schnell sein, denn sie kann ihre Opfer, oder besser gesagt deren Duftspur, auch noch aus einiger Entfernung wahrnehmen. Sie folgt dieser Spur, überwältigt die Beute und erstickt sie.

…oder auflauern

Oft legt sich die Boa constrictor aber auch direkt auf die Lauer und wartet darauf, dass ein Beutetier ihren Weg kreuzt. Eigentlich ist die Riesenschlange sehr bewegungsfaul. Wenn sie will, kann sie aber recht zügig schlängeln.

Kauen? Nicht nötig.

Die Würgeschlange verdrückt ihre Mahlzeit in einem Stück. Dazu öffnet sie das Maul sperrangelweit und schließt es um das tote Tier. Dann spannt sie ihre starken Muskeln an und entspannt sie wieder. Das macht sie mehrmals hintereinander.

Durch diese Muskelbewegungen wandert das Beutetier in das Innere der Schlange, wo es restlos verdaut wird. Eine Boa constrictor kann erstaunlich große Tiere verschlingen. Je nach deren Größe kann das bis zu einer Stunde dauern.

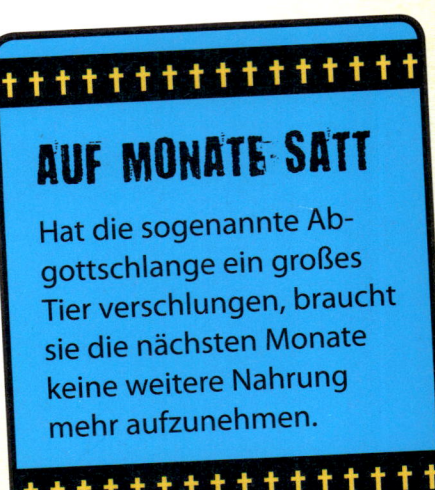

AUF MONATE SATT

Hat die sogenannte Abgottschlange ein großes Tier verschlungen, braucht sie die nächsten Monate keine weitere Nahrung mehr aufzunehmen.

Begegnung mit Boa

Die Boa constrictor kann mit ihrer enormen Kraft auch für den Menschen gefährlich werden. Ein großes Exemplar könnte einen Menschen genauso ersticken wie jedes andere Beutetier. In der Regel kommt das aber nicht vor.

Jäger und Gejagte

In einigen Gegenden wird sie sogar gehalten, um Mäuse oder Ratten zu jagen. Manchmal ist sie aber auch selbst die Gejagte. Dann sind die Menschen auf ihre Haut aus, um daraus Taschen und Schuhe herzustellen.

GOTT UND KÖNIG

Die Boa constrictor wird auch Königsschlange, Königsboa oder Abgottschlange genannt. Das kommt daher, dass sie bei einigen Indios als Gottheit verehrt, aber auch gefürchtet wird. In vielen religiösen Kulten spielt sie eine große Rolle.

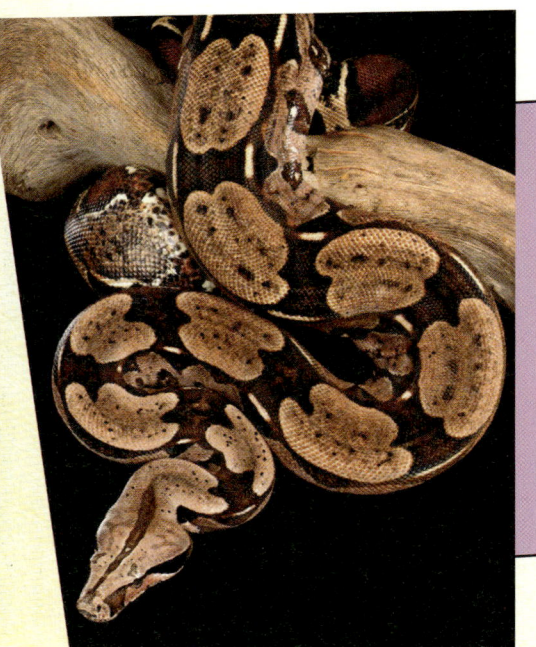

Schlangenbrut

Die Boa bringt ihre Nachkommen lebend zur Welt. Zwischen 20 und 40 kleine Boas entwickeln sich in weichen Eihüllen im Körper der Mutter. Bei ihrer Geburt wiegen sie um die 75 Gramm, das ist so viel wie eine Tafel Schokolade, von der du schon eine Ecke genascht hast. Die kleinen Schlangen sind Nestflüchter, das heißt, sie verlassen die Mutter sofort nach der Geburt. Sie suchen sich ein sicheres Versteck und leben die erste Zeit auch gern auf Bäumen.

Vampirfledermaus

20

Grässliche Blutsauger

Vampire tauchen in Horrorfilmen und Gruselgeschichten auf. Dort saugen sie das Blut ihrer Opfer, bis diese völlig entkräftet sterben oder selbst zum Vampir werden. Auch die Vampirfledermaus trinkt Blut. Als einziges Säugetier der Welt ernährt sie sich ausschließlich davon. Ein bisschen gruselig ist das schon, oder?

Nächtlicher Ausflug

Wie ihr Namensvetter, der Vampir, ist auch die Vampirfledermaus nachts unterwegs. Tagsüber hängt sie mit dem Kopf nach unten in Höhlen, Felsspalten, alten Minen oder den Dachböden verlassener Häuser und schläft.

Die Tiere leben in großen Gruppen zusammen und haben ein ausgeprägtes Sozialverhalten. In der Dämmerung schwärmen sie auf der Suche nach Nahrung aus. Bis zu einhundert Tiere können dann über deinen Kopf hinwegflattern. Da wird dir vielleicht schon ein bisschen mulmig, wenn du den Gruselgeschichten über ihre Angriffe auf Menschen Glauben schenkst.

VAMPIR-FLEDERMAUS

Länge: 65 bis 95 Millimeter, Flügelspannweite bis zu 40 Zentimeter

Farbe: rötlichbraun bis graubraun

Lebensraum: südliche USA, Südamerika

Nahrung: Blut

Waffe: Zähne

- tödlich
- **lebensbedrohlich**
- äußerst gefährlich
- gefährlich

DREIERLEI VAMPIRE

Es gibt drei Arten von Vampirfledermäusen: den Gemeinen Vampir, den Kammzahnvampir und den Weißflügelvampir. Die beiden letztgenannten Arten bevorzugen Vogelblut als Mahlzeit.

Rinderblut schlabbern

Die Gemeine Vampirfledermaus hat es auf das Blut von Pferden, Rindern, Ziegen, Geflügel, Hunden und manchmal auch von Menschen abgesehen. Mit ihren rasiermesserscharfen, wie eine Sichel gebogenen Schneidezähnen ritzt sie die Haut des Opfers an. Das tut nicht weh und wird meist gar nicht bemerkt, denn die Fledermaus betäubt die Stelle vorher mit ihrem Speichel. Darin befindet sich außerdem eine Substanz, ähnlich wie bei Mücken, die dafür sorgt, dass das Blut nicht gerinnt, also flüssig bleibt. Nach dem Biss leckt sie das herausfließende Blut mit der Zunge auf.

Kauen? Nicht nötig!

Die kleinen Blutsauger sind körperlich sehr gut auf flüssige Nahrung eingestellt. Sie besitzen zwar Backenzähne, diese sind aber überhaupt nicht zum Kauen geeignet. Auch ihr schlauchförmiger Magen käme mit fester Nahrung nicht zurecht.

LEICHTGEWICHTE

Vampirfledermäuse sind nicht groß und wiegen deshalb auch nicht viel. Sie bringen nur 15 bis 50 Gramm Gewicht auf die Waage. Ein paar Bonbons oder eine halbe Tafel Schokolade reichen aus, um sie damit aufzuwiegen.

Im Anschleichen super

Vampirfledermäuse können sich im Gegensatz zu den meisten anderen Fledermäusen auch gut auf dem Boden bewegen. Auf die Flügel gestützt, laufen und hüpfen sie. Außerdem sind sie in der Lage zu klettern und im geräuschlosen Anfliegen sind sie wahre Meister. So pirschen sie sich unbemerkt an ihre schlafende Beute, die von dem Überfall meist gar nichts mitbekommt.

Die Vampirfledermäuse beißen ihr Opfer nicht irgendwo. Manchmal brauchen sie mehrere Minuten, bis sie die beste Stelle gefunden haben. Diese befindet sich oft im Nacken oder an den Flanken, wo besonders große Blutgefäße verlaufen.

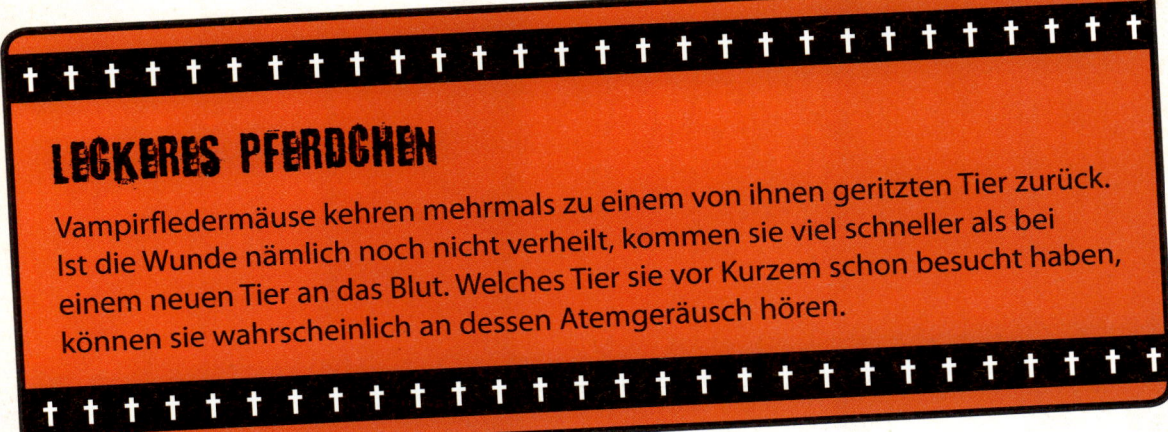

LECKERES PFERDCHEN

Vampirfledermäuse kehren mehrmals zu einem von ihnen geritzten Tier zurück. Ist die Wunde nämlich noch nicht verheilt, kommen sie viel schneller als bei einem neuen Tier an das Blut. Welches Tier sie vor Kurzem schon besucht haben, können sie wahrscheinlich an dessen Atemgeräusch hören.

Menschenblut

Es kommt immer wieder vor, dass auch Menschen Opfer der kleinen Blutsauger werden. Das wäre an sich gar nicht so gefährlich, denn die Blutmenge, die die Tiere saugen, ist sehr gering. Da sie aber manchmal auch Krankheiten wie Tollwut übertragen, können die Bisse bei Menschen, die nicht gegen diese Krankheit geimpft sind, sogar tödlich enden. Erst 2005 starben in Brasilien über 10 Menschen an Tollwut, nachdem sie von Vampirfledermäusen gebissen und mit der Krankheit infiziert wurden.

Portugiesische Galeere

24

Gemeinschaft macht stark

Die Portugiesische Galeere ist kein Einzeltier und genau genommen auch gar keine Qualle. Sie zählt zur Gattung der Seeblasen und besteht aus vielen einzelnen Polypen, die sich zu einer Kolonie zusammengeschlossen haben. Nur gemeinsam können sie überleben und so die Menschen an den Küsten mit ihren gefährlichen Tentakeln in Angst und Schrecken versetzen.

Perfekte Aufgabenteilung

Jedes einzelne Tier hat innerhalb der Kolonie eine ganz spezielle Aufgabe. So sind zum Beispiel die Fresspolypen für die Nahrungsbeschaffung verantwortlich. Andere sorgen für die Fortbewegung, produzieren Ei- und Samenzellen für die Fortpflanzung oder bilden Nesselfäden, um den Polypenstaat gegen Feinde zu verteidigen. Ein Polyp allein ist aufgrund dieser Spezialisierung nicht lebensfähig.

Was schwimmt denn da?

Die Galeere erkennst du gut an ihrer bläulich schimmernden Gasblase, die an der Meeresoberfläche mit dem Wind treibt. Die eigentliche Gefahr lauert aber unter dieser Blase. Dort zieht sie meterlange Tentakel hinter sich her, die mit Tausenden von Nesselkapseln bestückt sind.

WANTED
PORTUGIESISCHE GALEERE

Größe: Sackblase etwa 30 x 10 Zentimeter, Tentakel bis zu 50 Meter lang (im Durchschnitt aber etwa 15 Meter lang)

Farbe: silbrig, blau-violett

Lebensraum: Pazifik, Karibik, Mittelmeer, Atlantik

Nahrung: kleine Fische, Krebstiere, Weichtiere

Waffe: Gift

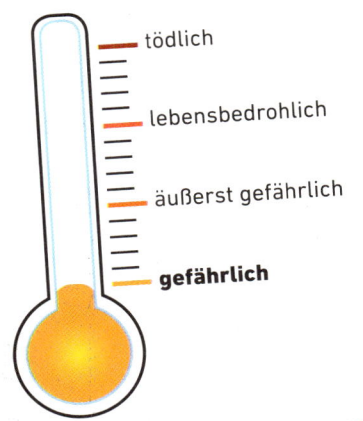

- tödlich
- lebensbedrohlich
- äußerst gefährlich
- **gefährlich**

25

Schmerzhafte Nesselzellen

An jedem Tentakel befinden sich bis zu 1000 Nesselzellen pro Zentimeter. Aus gutem Grund flüchten Taucher und Badegäste vor dem furchterregenden Tier, denn ein Ausweichen im Wasser ist bei der Länge der Tentakel kaum möglich. Bei Kontakt mit menschlicher Haut oder Tieren wird das in den Zellen enthaltene Gift sofort in den Körper des Opfers gespritzt.

In den Fängen der Galeere

Gerätst du in die Tentakel der Galeere, spürst du dort, wo dich die Fäden berühren, sofort einen stark brennenden Schmerz. Auf der Haut zeigen sich rote Striemen wie nach Peitschenhieben, die erst nach zwei bis drei Tagen abklingen.

Schmerz, lass nach!

Der Schmerz lässt zum Glück schon nach einer Stunde nach, kann sich aber auch noch steigern, wenn das Gift die Lymphknoten erreicht. Bei einigen Menschen löst das Gift eine allergische Reaktion aus, die sogar zum Tod führen kann.

FASS MICH BLOSS NICHT AN!

Selbst an den Strand gespülte Tiere können noch Stunden später Gift über die Tentakel abgeben und heftige Schmerzen auslösen.

Her mit dem Futter

In den meterlangen Giftfäden verfangen sich aber nicht nur versehentlich Menschen, sondern auch Fische, die eigentliche Beute der gruseligen Galeere. Das Gift lähmt den Fisch.

Daraufhin werden die Tentakel mit der wehrlosen Beute eingezogen und an die nächste Arbeitsstation, den Mund, weitergereicht. Dort wird der Beutefisch verdaut und wieder andere Spezialisten stellen die in ihm enthaltenen Nährstoffe der Polypen-Kolonie zur Verfügung.

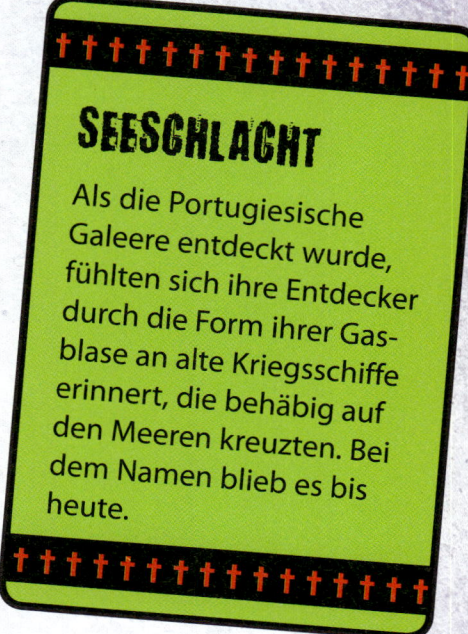

SEESCHLACHT

Als die Portugiesische Galeere entdeckt wurde, fühlten sich ihre Entdecker durch die Form ihrer Gasblase an alte Kriegsschiffe erinnert, die behäbig auf den Meeren kreuzten. Bei dem Namen blieb es bis heute.

Im Schutz des Tentakelwalds

Einige Tiere wie der Quallenfisch sind immun gegen das Nesselgift. Sie nutzen den Tentakelwald deshalb gern zum Schutz vor ihren Feinden, die daraufhin das Nachsehen haben.

Feinde

Die gefürchtete Galeere hat aber auch selbst Feinde. Bei der Unechten Karettschildkröte und einigen Schneckenarten stehen die Glibbertiere ganz oben auf der Liste der Leckereien.

27

Was bin ich?

Panther, Leopard, Puma oder Jaguar? Die Bezeichnung des nachtschwarzen Tieres sorgt immer wieder für Verwirrung. Denn anders als vermutet, ist der Panther keine eigene Art. Der lateinische Name „panthera" kann dich auf die richtige Spur bringen. Übersetzt bedeutet er nichts anderes als „Leopard". Der Schwarze Panther ist demnach einfach ein Leopard mit schwarzem Fell.

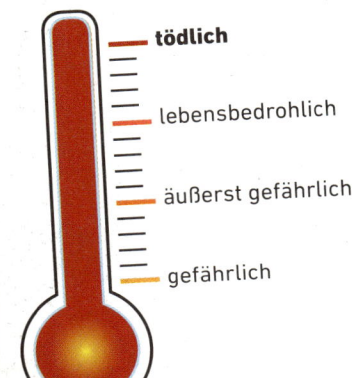

Eine Laune der Natur?

Ob ein Leopard gelb-schwarz gefleckt oder tiefschwarz auf die Welt kommt, hängt mit den Genen, den Erbanlagen, der Tiere zusammen. Ein bestimmtes Gen entscheidet über die Farbe der Nachkommen.

Da dieses Gen sich nicht immer durchsetzt, können in einem einzigen Wurf sowohl gefleckte als auch schwarze Junge vorkommen, obwohl beide Eltern gefleckt sind. Besonders häufig tritt die Vererbung der schwarzen Fellfarbe bei den Panthern auf, die in asiatischen Dschungelgebieten leben.

WANTED
SCHWARZER PANTHER

Größe: 45 bis 80 Zentimeter hoch und bis zu 1,9 Meter lang (ohne Schwanz)

Farbe: schwarz

Lebensraum: Afrika, Asien, Arabische Halbinsel

Nahrung: Huftiere, Wildschweine, Vögel, Affen, Reptilien

Waffe: Schnelligkeit, Kraft, scharfe Zähne und Krallen

- tödlich
- lebensbedrohlich
- äußerst gefährlich
- gefährlich

Schwarz = gefährlich

Den Schwarzen Panthern wird nachgesagt, dass sie gefährlicher und aggressiver sind als ihre gefleckten Artgenossen. Bewiesen ist das jedoch nicht. Tatsache ist, dass Leoparden grundsätzlich gefährlich sind.

Beißen und genießen

Die lautlosen Großkatzen jagen sehr effektiv, nur selten entkommt ihnen ein Beutetier. Sie sind schnell und sehr stark. Sogar Tiere, die wesentlich größer sind als sie selbst, erledigen sie mit einem gezielten Biss. Stell dir vor: Sie schleppen ihre schwere Beute manchmal sogar bis hoch in die Bäume, um sie dort ungestört zu verspeisen.

Auf der Jagd

Leoparden können sowohl tagsüber als auch nachts hervorragend jagen. Der Zeitpunkt richtet sich danach, wann ihre Beutetiere unterwegs sind. Dann schleichen sie sich so nahe wie möglich heran, springen auf das Opfer und töten es mit einem Biss in den Nacken oder die Kehle. Leoparden sind aber auch geduldige Lauerjäger, die stundenlang auf geeignete Beute warten können.

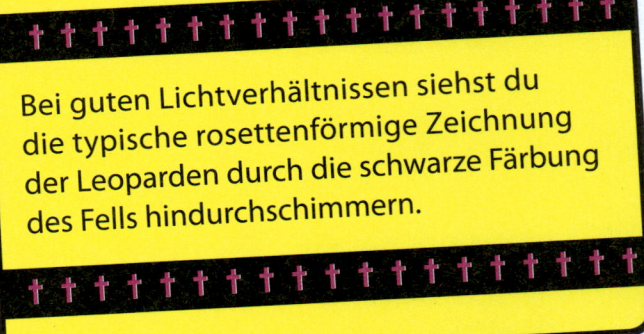

Bei guten Lichtverhältnissen siehst du die typische rosettenförmige Zeichnung der Leoparden durch die schwarze Färbung des Fells hindurchschimmern.

Kannst du das Leopardenmuster unter dem schwarzen Fell des Panthers erkennen?

Leuchtende Augen

Die Augen des Schwarzen Panthers sehen wie bei anderen Katzen auch so aus, als würden sie im Dunkeln leuchten. Das liegt an einer lichtreflektierenden Schicht auf der Netzhaut, durch die kleinste Mengen Licht gespiegelt werden. Dadurch sieht er auch bei Nacht hervorragend. Der Schwarze Panther kann außerdem seine Pupille sehr weit machen, so gelangt auch ganz schwaches Licht ins Auge. Er kann bei Nacht fünf- bis sechsmal besser sehen als ein Mensch.

DIE GROSSEN FÜNF

Der Leopard zählt zu den Hauptattraktionen einer Fotosafari in Afrika. Zusammen mit Elefant, Nashorn, Büffel und Löwe gehört er zu den „Big Five". Das sind die Tiere, die früher, als noch Jagd auf sie gemacht wurde, am schwersten zu erlegen waren.

Super-Sinne

Neben einem ausgezeichneten Sehsinn hat der Schwarze Panther ein sehr gutes Gehör. Selbst Tonhöhen, die du schon gar nicht mehr wahrnimmst, kann er hören. Und auch sein Geruchssinn ist extrem gut. Du siehst also, der Schwarze Panther hat Super-Sinne – perfekt für die Jagd!

Mörder-Leoparden

Es gibt Berichte von einzelnen Leoparden, auf deren Konto mehr als 100 getötete und gefressene Menschen gehen. Die Regel ist das jedoch nicht. Leoparden halten sich von Menschen weitestgehend fern. Sie jagen Menschen meist erst, wenn sie zu schwach und zu langsam sind, um Jagd auf Tiere zu machen.

Gila-Krustenechse

32

Wüstenungeheuer

Es gibt auf der ganzen Welt nur wenige Echsenarten, die giftig sind. Die Gila-Krustenechse, auch Gila-Monster genannt, ist eine davon.

Die auffällig gemusterte Echse lebt in trockenen Wüstenregionen. Sie hat einen stämmigen Körper, scharfe Krallen und einen kurzen, kräftigen Schwanz.

Nachtaktiv

Obwohl die Gila-Krustenechse in der Wüste lebt, ist ihre dünne Haut dafür nicht besonders gut geeignet. Deshalb geht sie erst zu Beginn der Dämmerung auf Nahrungssuche. Den Tag verbringt sie in einem Erdversteck, das sie sich mit ihren Krallen gräbt.

Fastenzeit

Die Gila-Krustenechse kann bis zu einem Jahr ohne Nahrung auskommen. Während dieser Zeit ernährt sie sich von den Fettdepots, die sich in ihrem dicken Schwanz befinden.

In Zeiten, in denen sie viel Nahrung findet, wird der Schwanz sozusagen aufgefüllt. Er wird dann immer dicker und hat fast den gleichen Umfang wie der Echsen-Körper. In Hungerzeiten schrumpft er wiederum. Auch der Rest der Echse magert dann ab.

WANTED
GILA-KRUSTEN-ECHSE

Länge: bis zu 60 Zentimeter

Farbe: schwarz-rot bis schwarz-rosa gemustert

Lebensraum: USA, Mexiko

Nahrung: Kaninchen, Eier von Vögeln und Reptilien, Aas

Waffe: Gift

- tödlich
- lebensbedrohlich
- **äußerst gefährlich**
- gefährlich

33

Doppelter Geruchssinn

Die Gila-Krustenechse verfügt über einen außergewöhnlichen Geruchssinn. Sie riecht nicht nur durch die Nasenlöcher, sondern nimmt Gerüche zusätzlich über ihre gespaltene Zunge auf.

Gerüche schmecken

Das kannst du dir so vorstellen, als würde sie Gerüche schmecken. Die Zunge mit dem „aufgeschnappten" Geruch zieht sie an den Gaumen. Dort befindet sich das Jacobson'sche Organ, mit dem sie den Geruch auf mögliche Beutetiere überprüft.

Total verbissen

Hat die Gila-Krustenechse ihr Opfer erst einmal geschnappt, gibt es kein Entkommen mehr. Sie kaut und beißt auf ihm herum, sodass ihr giftiger Speichel in die Wunde des Beutetiers gelangt.

Das dauert eine Weile, denn sie kann immer nur kleine Giftmengen auf einmal abgeben. Das kannst du dir so ähnlich vorstellen, als würde sie ihre Beute mit den Zähnen durchkneten. Weil das Gift nur langsam wirkt, hält die Echse ihren Fang bis zu dessen Tod fest.

WARTEN ZWECKLOS

Nur mit roher Gewalt, etwa indem man der Echse den Kiefer bricht, sind sie und ihr Opfer voneinander zu trennen. Von allein lässt sie ihre Beute manchmal erst nach einem ganzen Tag los.

Giftherstellung

Das Gila-Monster stellt sein Gift selbst her. Die Drüsen dafür befinden sich im Unterkiefer. Anders als bei Schlangen wird das Gift nicht durch hohle Zähne in das Opfer gepumpt. Es läuft von den Giftdrüsen aus über Furchen am Innenrand der Unterlippe zu den Zähnen und wird mit ausdauernden Kaubewegungen in die Wunden des Beutetiers massiert.

GIFTWIRKUNG

Menschen, die gebissen wurden, berichten von einem extrem starken Schmerz, der sich schnell ausbreitet. Die Bissstellen schwellen an und färben sich blau. Schwindel und starkes Schwitzen bis hin zum Zusammenbruch des Kreislaufs können folgen.

Echsen ärgern

Menschen stehen nicht auf dem Speiseplan der Echse. Sie ist nicht aggressiv und beißt nur zu, um sich zu verteidigen. Vorher faucht und zischt sie zur Warnung. Wer es dann immer noch nicht begriffen hat und die Echse weiter ärgert, muss mit einer Attacke rechnen.

Doppelte Strafe

Die Gebissenen erwartet im Krankenhaus kein Mitleid, sondern eine Anzeige, weil die Echsen unter Schutz stehen. Echsen-Quäler werden sozusagen doppelt bestraft.

Hyäne

WANTED

36

Tüpfelhyäne

Hund oder Katze?

Hyänen erinnern von der Körpergröße und ihrem Aussehen her ein bisschen an Hunde, zählen aber zu den Katzen. Sie sind mit den Mungos verwandt. Am bekanntesten ist die Tüpfelhyäne. Du hast sie bestimmt schon einmal im Zoo gesehen. Neben ihr gibt es noch drei weitere Hyänenarten: die Streifenhyäne, die Schabrackenhyäne und den Erdwolf.

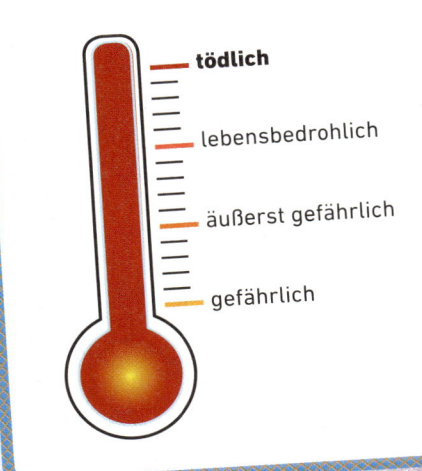

Nicht schön, aber schnell

Hyänen sind nicht sehr beliebt und haben einen schlechten Ruf. In Zeichentrickfilmen werden sie zu Bösewichten gemacht, sie werden als Aasfresser beschimpft und man hält sie für hinterlistig, gefährlich und gemein. Hübsch sind die überwiegend nachtaktiven Tiere wirklich nicht, dafür können sie enorm schnell rennen. Mit einem Tempo von bis zu 60 Stundenkilometern sprinten die Tüpfelhyänen einem Beutetier hinterher. Dabei sind sie auch noch ausdauernd und legen weite Strecken zurück. Sie hetzen ihre Beute regelrecht zu Tode. Je nach Größe der Beute jagen sie allein oder in der Gruppe. Sie sind als Jäger sehr erfolgreich.

WANTED
HYÄNE

Größe: etwa 55 Zentimeter bis 1,6 Meter

Farbe: Brauntöne, einfarbig, gefleckt oder gestreift

Lebensraum: Afrika, Vorder- und Mittelasien, Indien

Nahrung: Allesfresser, Erdwolf: Termiten

Waffe: Gebiss

- tödlich
- lebensbedrohlich
- äußerst gefährlich
- gefährlich

37

Die Knochenbrecher

Wenn Tüpfelhyänen nicht selbst Tiere erlegen, jagen sie anderen Räubern, zum Beispiel Schakalen oder Löwen, die Beute ab. Außerdem ernähren sie sich von Aas. Sie fressen nicht nur das Fleisch, sondern verschlingen auch Fell, Knochen und sogar Hufe. Dabei wird nicht getrödelt. In einer Stunde können sie bis zu 15 Kilogramm Nahrung verdrücken. Was nicht verdaulich ist, wird später in Form von kleinen Kugeln erbrochen. In Bezug auf ihre Körpergröße besitzen sie das stärkste Gebiss im Tierreich. Damit knacken sie mühelos Knochen und könnten auch einen Menschen in Stücke zerlegen.

Bissige Biester

Hyänenweibchen bringen ein bis vier Junge zur Welt. Bei der Tüpfelhyäne sind sie voll entwickelt und besitzen bereits messerscharfe Eck- und Schneidezähne. Damit bekämpfen sich die Kleinen bis aufs Blut. Nicht selten gibt es bei diesen Geschwisterkämpfen sogar Tote.

Grausiges Lachen

Besonders auffällig ist das Lachen der Tüpfelhyänen. Ein Laut, der schon so manchem in der Nacht einen Schauer über den Rücken gejagt hat. Doch was ist so lustig? Nichts! Forscher haben herausgefunden, dass Hyänen lachen, wenn sie unter Stress stehen oder frustriert sind, zum Beispiel, weil ihnen ein anderes Tier gerade die Beute geklaut hat.

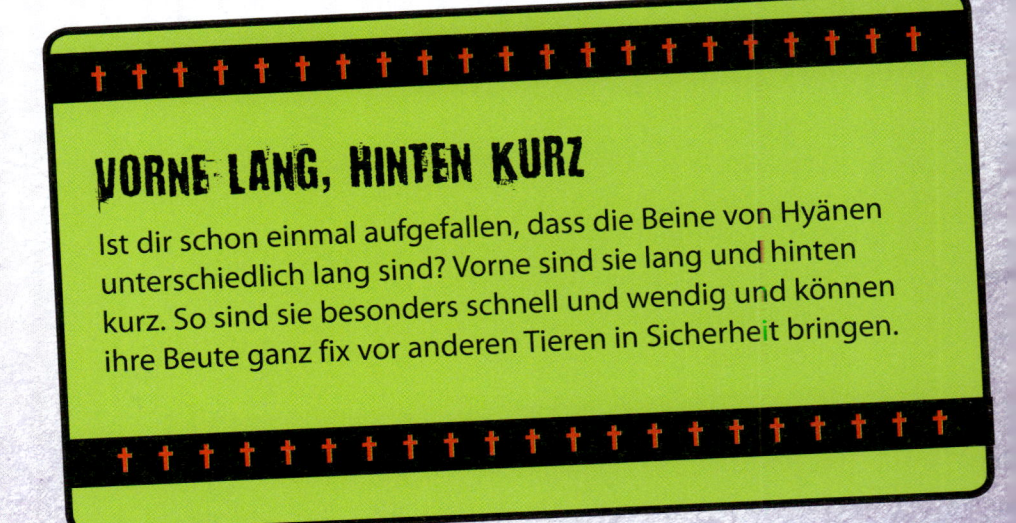

VORNE LANG, HINTEN KURZ

Ist dir schon einmal aufgefallen, dass die Beine von Hyänen unterschiedlich lang sind? Vorne sind sie lang und hinten kurz. So sind sie besonders schnell und wendig und können ihre Beute ganz fix vor anderen Tieren in Sicherheit bringen.

Gesundheitspolizei

Hyänen fressen neben Fleisch, Früchten, Eiern und Pflanzen auch Aas. Im Gegensatz zu anderen Tieren können sie das Gammelfleisch nämlich gut vertragen und werden davon nicht krank. Was dir jetzt vielleicht eklig erscheint, ist für die anderen Tiere überlebenswichtig. Blieben die Tierkadaver lange liegen, könnten sich Krankheiten und Seuchen unter den anderen Tieren ausbreiten. Die Hyänen sorgen wie die Geier dafür, dass das nicht passiert, und verputzen als eine Art Gesundheitspolizei kurzerhand den Übeltäter.

Schabrackenhyäne

ICH HÖRE DICH!

Hyänen benutzen eine Reihe von Lauten, um sich untereinander zu verständigen. Sie grunzen, stöhnen, weinen oder bellen. Anhand der Laute erkennen sich die Tiere, wissen, welchen Rang der andere innerhalb des Clans hat und wie er sich fühlt.

Erdwolf

Einzelgänger

Streifenhyänen sind die einzigen Hyänen, die auch in Asien vorkommen. Sie leben meist als Einzelgänger, nur manchmal schließen sie sich zu Paaren zusammen und bilden mit ihrem Nachwuchs eine Familiengruppe.

Gerade die Weibchen können andere Weibchen in ihrem Revier nicht leiden. Begegnen sich zwei Tiere und mögen sich nicht, stellen sie ihre Rückenmähne auf und sträuben ihren aufgestellten Schwanz. Das sieht aus wie eine Flaschenbürste. Reicht das nicht, damit ein Tier flieht, versuchen sie sich in Kehle und Beine zu beißen.

Streifenhyäne

Piranha

WANTED

40

Zähne wie Rasiermesser

Das Auffälligste an dem als Killerfisch verurteilten Piranha ist der vorgeschobene Unterkiefer mit den superscharfen Zähnen. Mit ihnen kann der ovale, recht platte Fisch ordentliche Fleischstücke aus seiner Beute reißen. Viel Zeit lässt er sich dabei nicht und ruckzuck sind zumindest kleinere Beutetiere bis auf die Knochen oder Gräten abgenagt.

WANTED PIRANHA

Länge: 15 bis 40 Zentimeter

Farbe: blaugrau, rötlich, silbern

Lebensraum: Flüsse und Seen in Südamerika

Nahrung: Fische, Krustentiere, Insekten

Waffe: Gebiss

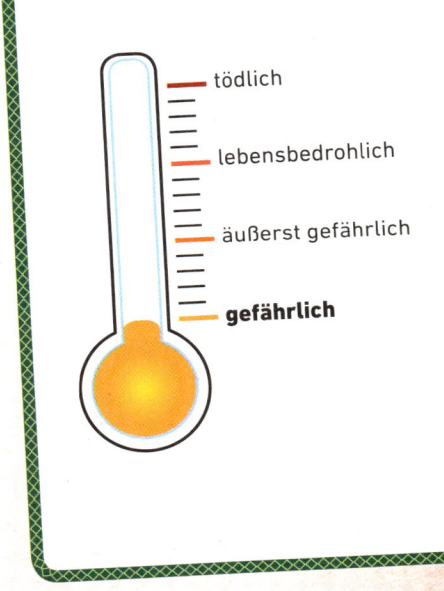

- tödlich
- lebensbedrohlich
- äußerst gefährlich
- **gefährlich**

Mördermaschine

Dem Piranha eilt der Ruf voraus, ein blutrünstiges Monster zu sein, das jeden, der sich in sein Gewässer wagt, angreift und verspeist. Aggressiv, blutrünstig und gnadenlos schlägt er zu. Das ist zumindest das Bild, das viele von dem grimmig aussehenden Fisch haben. In Filmen kannst du auch sehen, wie das Wasser brodelt, wenn sich viele Piranhas gleichzeitig auf ein Opfer stürzen. Aber ist er wirklich so mörderisch, wie behauptet wird?

GANZ SCHÖN ZAHLREICH

Es gibt insgesamt 36 verschiedene Piranha-Arten. Darunter der Rote und der Schwarze Piranha, der Schlusslichtpiranha und der Wimpelpiranha.

Gemeinsam stark?

Die bissfreudigen Fische sind immer in Gruppen anzutreffen. Weniger, weil sie gemeinsam auf Beutezug gehen, sondern weil sie allein sehr ängstlich sind und sich in der Gruppe sicherer fühlen. Sie sind schreckhaft und fliehen bei einer Bedrohung lieber als anzugreifen. Wird der Schwarm attackiert, bleiben sie nicht zusammen. Stattdessen flüchtet jeder Fisch in eine andere Richtung.

Hyänen der Flüsse

Piranhas spielen für das Gleichgewicht der Natur eine wichtige Rolle. Wie die Hyänen an Land, sorgen die Piranhas im Wasser dafür, dass keine toten oder kranken Tiere das Gewässer verseuchen. Sie stürzen sich sofort auf Kadaver oder erkrankte Tiere und beseitigen sie im Handumdrehen. Selbst vor Artgenossen machen sie nicht halt und knabbern verletzte Kameraden genauso schnell weg.

NEUE FLOSSE GEFÄLLIG?

Beim Piranha wachsen abgetrennte Körperteile, zum Beispiel Flossen, wieder nach. Auch alle anderen Wunden heilen sehr schnell. Das ist auch gut so, denn die Tiere verletzen sich bei ihren gemeinsamen Angriffen versehentlich oft gegenseitig.

Im Blutrausch

Piranhas reagieren auf Blut und auf hektische Bewegungen. Obwohl Menschen normalerweise nicht von ihnen angegriffen werden, kommt es vor, dass sie auch bei ihnen zubeißen. Nehmen sie zum Beispiel wilde, strampelnde Bewegungen im Wasser wahr, vermuten sie dort ein verletztes Tier, auch wenn es sich nur um einen Badenden handelt. Blutgeruch lockt sie sofort auf den Plan und lässt sie regelrecht wild werden. Du solltest deshalb nie mit einer Wunde in Piranha-Gewässern schwimmen gehen.

VON WEGEN FLEISCHFRESSER

Nicht alle Piranhas sind auf Blut und Fleisch aus. Es gibt einige Arten, die sich ausschließlich vegetarisch, das heißt von Pflanzenteilen und Samen, ernähren.

Gebratener Piranha

Piranhas sind beliebte Beute für Kaimane, Greifvögel, Riesenotter und größere Raubfische. Sie stehen aber auch auf dem Speiseplan der Ureinwohner Südamerikas und gelten bei ihnen als Delikatesse. Abenteuerlustige Urlauber können Piranha-Angeltouren buchen und versuchen, einen der flinken Fische aus dem Wasser zu ziehen, bevor sie mit dem Köderfleisch verschwunden sind. Gib acht, falls du das versuchst, denn die meisten Piranha-Bisse entstehen beim Lösen des Fisches vom Haken.

Sandrasselotter

WANTED

44

Die tödlichen Vier

Es gibt auf der Welt eine Handvoll Schlangen, die für fast alle Todesfälle durch Schlangenbisse verantwortlich sind. In Indien nennt man sie die „Großen Vier". Eine von ihnen ist die Sandrasselotter. Sie zählt zu den giftigsten Schlangen weltweit. Die meisten menschlichen Todesopfer gehen auf ihr Konto. Die anderen drei Schlangen sind die Kettenviper, die Brillenschlange und der Krait.

Die sieht doch ganz harmlos aus

Die Sandrasselotter ist eher unscheinbar. Sie ist weder besonders groß noch besonders auffällig gefärbt. Was bei näherer Betrachtung – wenn du dich denn so nah herantrauen würdest – ins Auge fällt, sind ihre Schuppen. Ihre Haut sieht aus wie mit kleinen Knubbeln überzogen. Das liegt daran, dass die Schuppen nicht wie bei anderen Tieren platt sind, sondern gekielt. Hast du schon einmal ein Boot von unten gesehen? Es hat in der Mitte einen Kiel, das ist eine Erhöhung, die aus dem Rest des Rumpfes herausragt. So ähnlich sehen die Schuppen der Schlange aus. Auch sie sind in der Mitte erhöht.

WANTED
SANDRASSEL-OTTER

Größe: bis zu 80 Zentimeter

Farbe: braun-gelbliche Färbung

Lebensraum: in trockenen, felsigen Gebieten in Afrika und Asien

Nahrung: Mäuse, Vögel, Schlangen, Echsen, Frösche, Kerbtiere

Waffe: Gift

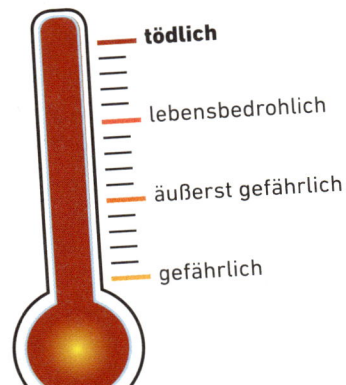

- tödlich
- lebensbedrohlich
- äußerst gefährlich
- gefährlich

45

Lust auf Biss

Was die Sandrasselotter so gefährlich macht, ist ihre Beißfreudigkeit. Andere Giftschlangen beißen nur im Notfall, zum Beispiel wenn sie stark bedrängt werden. Die Sandrasselotter fackelt dagegen nicht lange. Sie ist aggressiv und beißt ohne Vorwarnung zu.

Giftspritze

Hat die Sandrasselotter ihr Opfer ausgewählt und fest im Blick, schießt sie plötzlich pfeilschnell vor, reißt dabei das Maul weit auf und schlägt ihre Giftzähne tief in das Opfer. Sofort spritzt das Gift durch ihre beiden hohlen Giftzähne in den Körper des Gegners. Dort löst es die Wände der Blutgefäße auf, sodass das Opfer innerhalb kürzester Zeit innerlich verblutet. Das geht so schnell, dass die Beute der Sandrasselotter keine Chance mehr hat, noch weit wegzulaufen. Die Schlange muss also keine Angst haben, dass ihre Beute doch noch entkommt.

LÄHMENDES GIFT

Das Gift der Sandrasselotter lähmt das Opfer auch. Schon nach kurzer Zeit ist es bewegungsunfähig. Die Schlange kann es nun in aller Ruhe verspeisen, denn es kann sich nicht mehr wehren oder zappeln. So werden die Tiere oft schon verschlungen, bevor ihr Herz aufgehört hat zu schlagen.

Nachts auf Beutefang

Der Sandrasselotter begegnest du am ehesten, wenn du in der Dämmerung oder nachts unterwegs bist. Tagsüber ruht sie sich unter Steinen und Büschen aus. Sie fühlt sich auch in der Nähe menschlicher Behausungen wohl und versteckt sich deshalb gern in Gerümpel oder Holzstapeln. An das Leben in Dunkelheit ist sie gut angepasst. Ihre tagsüber längs geschlitzten Pupillen werden nachts groß und rund – so sieht sie auch im Dunkeln hervorragend.

WAS RASCHELT DENN DA?

Die Schlange hat ihren Namen von dem Geräusch, das sie macht, wenn sie ihre Haut aneinanderreibt. Durch die gekielten Schuppen entsteht ein Geräusch, als würdest du Sandpapier aufeinanderreiben. Also Ohren auf und nichts wie weg, wenn du es rasseln hörst.

Tausendfacher Tod

Die Sandrasselotter ist extrem giftig.
Ihr Gift ist fünfmal so wirksam wie das der Kobra und 16-mal giftiger als das einer Kettenviper, auch ihre Giftzähne sind im Vergleich zu ihrem Körper sehr groß. Jedes Jahr sterben mehrere Tausend Menschen am Biss dieser Schlange. Erste Anzeichen sind Erbrechen, Durchfall und Kreislaufversagen. Hat dich die fiese Schlange erwischt, brauchst du sofort einen Arzt und das Gegengift.

Schwierig ist, dass es einige Gegengifte gibt, die nicht richtig wirken. Viele Gegengifte werden nur für das Gift der häufigsten Sandrasselotter-Art eines Gebietes hergestellt. Dabei sind die Gifte verschiedener Arten sehr unterschiedlich. Selbst die Gifte einer Sandrasselotter-Art aus verschiedenen Gebieten unterscheiden sich stark voneinander. Mittlerweile arbeiten Ärzte aber an gut wirksamen Gegengiften.

Schwarze Witwe

WANTED

48

Die drei Witwen

Die Bezeichnung Schwarze Witwe ist ein Sammelbegriff für die drei gefährlichsten Kugelspinnen. Die Europäische Schwarze Witwe erkennst du an 13 hell umrandeten roten Flecken auf dem Hinterleib. Die Südliche und die Westliche Schwarze Witwe haben dagegen eine rote Markierung in Form einer Sanduhr auf der Unterseite. Giftig sind alle drei. Die europäische Vertreterin hat sogar das stärkste Gift von allen in Europa lebenden Giftspinnen.

WANTED
SCHWARZE WITWE

Größe: bis zu 1,5 Zentimeter

Farbe: schwarze Grundfarbe, rote Zeichnung

Lebensraum: Tropen, Subtropen, Nord- und Südamerika, Mitteleuropa

Nahrung: Fliegen, Heuschrecken, Käfer, Spinnen, kleine Wirbeltiere wie Eidechsen

Waffe: Gift

- tödlich
- lebensbedrohlich
- **äußerst gefährlich**
- gefährlich

Warnfarben

Die knallroten Markierungen auf dem Hinterleib der Schwarzen Witwe dienen der Abschreckung. Wie viele andere Tiere signalisiert die Giftspinne mit dieser Warnfarbe, dass andere Tiere sich besser von ihr fernhalten sollten.

Wie die Witwe zu ihrem Namen kam

Bei den Schwarzen Witwen sind die Weibchen nicht nur viel größer als die Männchen, sie sind auch wesentlich aggressiver. Einige Weibchen bringen die Männchen nach der Paarung um und fressen sie auf. Die weibliche Spinne macht sich so gesehen selbst zur Witwe. Es gibt allerdings auch Männchen, die mehrere Paarungen überleben.

49

Fangen...

Die Schwarze Witwe baut ihr Netz in Bodennähe. Sie spannt die klebrigen Fäden zwischen Grashalmen, niedrigen Pflanzen oder auch kleinen Felsvorsprüngen und wartet in der Nähe, bis sich ein Beutetier darin verfängt.

... und vergiften

Dann überwältigt die Schwarze Witwe ihr Opfer mithilfe ihrer spitzen Kieferklauen, durch die sie das Gift in das erbeutete Tier spritzt. Mit dieser Taktik erlegt sie sogar Tiere, die viel größer als sie selbst sind, zum Beispiel kleine Eidechsen.

Giftspritze

Die gefährlichen Kieferklauen befinden sich am Kopf unterhalb der Augen. Sie sind innen hohl. In diesem Hohlraum verlaufen die Giftdrüsen bis in die Spitzen der Klauen. Um ein Beutetier zu lähmen, verwendet die Spinne ihre Kieferklauen wie eine Injektionsnadel. Sie packt zu, beißt das Opfer und spritzt ihr Gift ein. Das kannst du dir so ähnlich vorstellen wie beim Arzt, wenn du eine Spritze bekommst.

UNGLAUBLICHE NETZE

Spinnennetze sind extrem reißfest. In Bezug auf ihr Gewicht ist Spinnenseide sogar stärker als Stahl und noch dehnbarer als ein Gummiband.

Gebissen

Die Schwarze Witwe ist nicht besonders groß und wirkt auch nicht sonderlich gefährlich. Unterschätzen solltest du sie trotzdem nicht. Etwa eine Stunde nach einem nicht besonders schmerzhaften Biss setzen furchtbare Kopfschmerzen ein. Schüttelfrost, Krämpfe, panische Angst und Atemnot sind weitere Vergiftungserscheinungen. Zwei bis drei Tage halten die Symptome an, dann tritt eine Besserung ein.

VORWIEGEND FRIEDLICH

Die Schwarze Witwe ist gegenüber Menschen eigentlich nicht angriffslustig. Nur in Bedrängnis beißt sie zu.

Wer überlebt, wer stirbt?

Für die meisten Erwachsenen sind die Folgeerscheinungen eines Bisses zwar sehr schmerzhaft, aber nicht tödlich. Wesentlich gefährlicher ist das Nervengift der Schwarzen Witwe für Kinder, alte Menschen und Allergiker, die im schlimmsten Fall auch an einem Biss sterben können.

Das Gegengift

Inzwischen gibt es ein Antiserum, das nach einem Biss gespritzt werden kann. Seitdem hat sich die Zahl der Todesfälle deutlich verringert.

Rotfeuerfisch

WANTED

52

Gefährliche Augenweide

Der Rotfeuerfisch ist mit seiner auffälligen Farbe und Zeichnung ein echtes Schmuckstück für jedes Aquarium. Doch Vorsicht!

Wenn du den wunderschönen, aber sehr giftigen Fisch im Becken halten willst, solltest du bei der Reinigung des Behälters unter keinen Umständen mit dem Fisch in Berührung kommen. Äußerst schmerzhafte Stiche wären die Folge.

Giftige Flossen

Das Gift befindet sich in den Hartstrahlen von Rücken-, Schwanz- und Bauchflossen. Diese Strahlen kannst du dir wie Nadeln vorstellen, die im oberen Teil eine lange Furche haben. In ihnen befinden sich Drüsen, die mit einer dünnen Haut geschützt sind. Sticht der Fisch zu, reißt die Haut auf und das Gift wird freigesetzt.

WANTED ROTFEUERFISCH

Länge: 12 bis 40 Zentimeter

Farbe: korallenrote, braun- oder schwarzrote Grundfarbe mit hellen oder roten Querstreifen

Lebensraum: tropische Meere, Rotes Meer, Indischer Ozean

Nahrung: Krebse, Fische

Waffe: Gift

- tödlich
- lebensbedrohlich
- äußerst gefährlich
- **gefährlich**

VERLETZUNGSRISIKO

Die meisten Rotfeuerfisch-Unfälle finden nicht im offenen Meer statt. Taucher sollten sich zwar vor ihm in Acht nehmen, sind aber längst nicht so gefährdet wie Aquarienbesitzer, die den hübschen Fisch bei sich zu Hause halten.

Erwischt!

Warst du unaufmerksam und der Rotfeuerfisch hat dich mit seinen Stacheln erwischt, sind heftige Schmerzen die Folge. Die Einstichstelle kann sich taub anfühlen, anschwellen und rot werden. Es kommt auch vor, dass sich Blasen bilden und dir übel wird. Sterben wirst du daran im Normalfall nicht.

Erste Hilfe

Sitzt ein Stachel in deiner Haut, muss er entfernt werden. Desinfiziere die Wunde anschließend. Linderung verschafft auch ein Bad der betroffenen Stelle in heißem Wasser.

Ein Arztbesuch ist in jedem Fall angeraten, um eine spätere Infektion zu verhindern und die Schmerzen wirksam zu bekämpfen.

Alles nur Verteidigung

Der Rotfeuerfisch benutzt seine Giftstacheln nicht, um Beute zu fangen, sondern zur Verteidigung. Fühlt er sich bedroht, streckt er dem Angreifer die giftigen Flossen entgegen. Allerdings schreckt das nicht all seine Feinde ab. Einige verspeisen den Rotfeuerfisch am Stück, andere dagegen zerteilen ihn vorher. Das Gift stört sie dabei nicht.

Meister der Tarnung

Rotfeuerfische faszinieren immer wieder wegen ihrer auffälligen Farbe und Musterung. In ihrem natürlichen Lebensraum sind sie dadurch perfekt getarnt. In den Korallenbänken verschmelzen sie fast vollständig mit dem Hintergrund und sind nur schwer zu erkennen.

Auf Beutezug

Der nacht- und dämmerungsaktive Fisch lauert seinen Beutetieren entweder vor deren Höhlen auf oder er treibt sie in die Enge. Mit den ausgebreiteten Brustflossen versperrt er ihnen den Fluchtweg. Gleichzeitig lenkt er die Beute damit direkt vor sein Maul. Öffnet er es, saugt er seine Nahrung mit einem Schwung ein.

IM SCHWIMMEN EINE DREI

Ein herausragender Schwimmer ist der Rotfeuerfisch nicht. Eher langsam und träge bewegt er sich durch das Wasser. Fast sieht es so aus, als würde er schweben.

In fremden Gewässern

Fernab der tropischen Meere tauchen Rotfeuerfische inzwischen immer häufiger auch in kälteren Gewässern, wie dem Atlantik vor der Ostküste der USA, auf.

Sie wurden entweder im Ballasttank von Schiffen eingeschleppt oder von Aquarienbesitzern ausgesetzt. Da sie dort keine natürlichen Feinde haben, vermehren sie sich sehr schnell.

Elefant

WANTED

56

Mächtiger Landsäuger

Der Elefant ist das größte Landsäugetier der Erde. Mit einer Höhe von vier Metern überragt er deine Eltern mehr als zweimal. Bei dieser Größe wiegt er auch einiges: Ein Elefantenbulle bringt bis zu sechs Tonnen auf die Waage.

Fünf Autos = ein Elefant

Um einen Elefanten aufzuwiegen, bräuchtest du ungefähr fünf Autos. Kannst du dir das vorstellen? Schon ein neugeborenes Elefantenkalb wiegt mehr als ein erwachsener Mann und ist bereits einen Meter groß.

Afrika oder Asien?

Es gibt drei Arten: den Afrikanischen Elefanten, den Asiatischen Elefanten und den Waldelefanten. Du kannst sie unter anderem an den Ohren unterscheiden. Beim Afrikanischen Elefanten sind sie deutlich größer und Weibchen wie Männchen haben Stoßzähne. Bei den asiatischen Dickhäutern haben die Weibchen entweder gar keine oder nur sehr kleine Stoßzähne. Der Waldelefant ist der kleinste der drei Arten. Die Ohren benutzen übrigens alle, um sich Luft zuzufächeln, aber auch, um sich zu verständigen.

WANTED
ELEFANT

Größe: bis zu 4 Meter hoch und bis zu 10 Meter lang

Farbe: grau, braun

Lebensraum: Afrika, Asien

Nahrung: Gras, Blätter, Früchte, Wurzeln

Waffe: Kraft

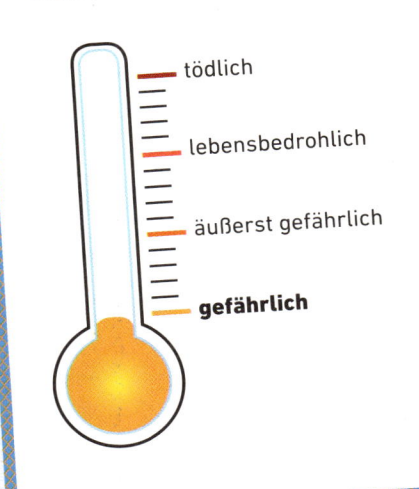

- tödlich
- lebensbedrohlich
- äußerst gefährlich
- **gefährlich**

57

Längste Nase der Welt

Es gibt kein Tier, das einen längeren Rüssel hat. Er dient als Sinnesorgan. Mit ihm erschnuppert der Elefant Nahrung, wittert Gefahr, tastet den Boden ab oder greift Dinge. Der Rüssel hat keine Knochen, das macht ihn sehr beweglich. Kleine Elefanten müssen monatelang üben, bis sie die Bewegungen steuern können.

Schlau …

Außerdem haben Elefanten nach dem Pottwal das größte Gehirn im Tierreich. Sie sind sehr intelligent und lernfähig, weshalb sie in Gefangenschaft gern in Shows eingesetzt werden. Vielleicht hast du im Zoo oder im Zirkus schon einmal eine Vorführung der mächtigen Tiere gesehen.

… und schnell

Elefanten wirken in ihren Bewegungen meistens ganz gemütlich, doch sie können auch richtig gut rennen. Ein aufgebrachtes Tier kann bis zu 40 Stundenkilometer schnell werden. Weglaufen ist bei dem Tempo zwecklos.

DIE HERRSCHAFT DER MÜTTER

Die Jungtiere wachsen in einer Herde auf, die ausschließlich aus weiblichen Tieren besteht. Eine Leitkuh führt die Herde an, die aus 15 bis 20 Tieren besteht.

Angriffssignale

Da erwachsene Elefanten kaum Feinde haben, sind sie in der Regel friedliebend. Fühlen sie sich aber bedroht, greifen sie ihren Feind ohne zu zögern an. Einen Angriff kannst du dir so vorstellen: Sie spreizen die Ohren weit ab, erheben den Rüssel und rollen ihn dann ein. Mit gesenktem Kopf überrennen sie anschließend den Gegner. Gegen ihre gewaltige Masse hat niemand eine Chance.

DICKHÄUTER

Die Haut eines Elefanten kann bis zu drei Zentimeter dick sein. Im Verhältnis zu seiner Körpergröße ist seine Haut aber nicht dicker als die eines Menschen.

Hier siehst du einen Asiatischen Elefanten.

Tödliche Begegnungen

Besonders Elefantenbullen können während der sogenannten Musth sehr aggressiv werden. Das ist eine regelmäßig auftretende hormonelle Veränderung im Körper der männlichen Tiere. In dieser Zeit solltest du sie nicht reizen.

Elefant versus Mensch

Jedes Jahr sterben um die 500 Menschen durch Elefantenangriffe, die meisten davon, etwa 300, in Indien. Im Gegensatz dazu werden pro Jahr um die 35.000 Elefanten durch den Menschen getötet. Grund dafür ist das begehrte Elfenbein.

Speikobra

WANTED

60

Zu Besuch bei den Speikobras

Die Speikobras gehören zur Familie der Giftnattern. Innerhalb dieser Familie bilden sie eine Gruppe von Kobras, die sich durch gezieltes Giftspucken verteidigt. Zu dieser Gruppe gehören die Mosambik-Speikobra, die Afrikanische Speikobra, die Rote Speikobra, die Südostasiatische Speikobra und die Südafrikanische Speikobra.

Beißen ...

Die Speikobra tötet ihre Beute, wie andere Giftschlangen auch, mit einem gezielten Biss. Sie schleicht sich an ihre Beute an oder legt sich auf die Lauer. Ist ein Beutetier nah genug, schießt sie blitzschnell vor und beißt zu. Dabei gelangt das Gift in das Opfer und lähmt es. Ist die Beute nach längerem Todeskampf erstickt, wird sie verspeist.

... und spucken

Fühlt sich die Speikobra bedroht, beißt sie nicht, sondern spuckt ihr Gift aus sicherer Entfernung auf den Kopf des möglichen Angreifers. Eine Distanz von 2,5 Metern kann sie erstaunlich zielsicher mit ihrer Giftspucke überwinden.

WANTED SPEIKOBRA

Länge: je nach Art 80 Zentimeter bis 2,7 Meter

Farbe: schwarz, dunkelrot, grau, oliv, gelbbraun, teilweise gestreift

Lebensraum: Afrika, Südostasien

Nahrung: Nagetiere, kleine Reptilien, Amphibien, Vögel, Eier

Waffe: Gift

- tödlich
- lebensbedrohlich
- äußerst gefährlich
- gefährlich

61

Letzte Warnung

Wittert die Speikobra Gefahr, richtet sie sich hoch auf. Dabei spreizt sie ihren Nackenschild ab und wirkt dadurch noch größer und gefährlicher. Sie wendet sich immer direkt ihrem Gegenüber zu und lässt es nicht aus den Augen.

Spätestens jetzt sollten sich mögliche Angreifer gut überlegen, ob sie einen Vorstoß wagen, denn diese Haltung signalisiert so viel wie: Stopp! Bis hierher und nicht weiter! Für dich wäre in dieser Situation ein langsamer Rückzug lebensrettend.

Reihenweise Opfer

Die weltweit größte Speikobra mit dem Namen *Naja ashei* wurde erst 2004 in Kenia entdeckt. Sie ist mit knapp drei Metern nicht nur riesig, sondern auch extrem giftig. Mit ihrem Giftvorrat wäre sie in der Lage, 15 bis 20 Menschen zu töten. Ein zuverlässig wirkendes Gegengift muss für diese Kobraart erst noch entwickelt werden.

AUGEN ZU

Eine Speikobra zielt beim Gegner immer auf die Augen und trifft ihr Ziel auch meistens. Der Angriff kommt so schnell, dass das Opfer keine Zeit hätte auszuweichen. Ist das Gift in die Augen gelangt, führt das zu starken Schmerzen und Schwellungen bis hin zu Blindheit.

Der Knick im Giftzahn

Anders als bei anderen Giftschlangen sind die Giftzähne der Speikobras perfekt zum Speien ausgebildet. Das Gift wird in der Giftdrüse produziert, aus dieser kann die Speikobra das Gift in den Giftkanal pressen. An dessen Ende befindet sich ein Knick, der nach vorne, also auf das Opfer, zeigt und in einer Art Düse endet.

Hier kannst du die Düse der Speikobra erkennen.

GARSTIGER NACHWUCHS

Schlüpfen die Jungen aus dem Ei, sind sie voll ausgebildet. Auch ihre Giftzähne sind von der ersten Sekunde an einsatz- und spritzbereit.

Die Düse

Diese kannst du dir so ähnlich vorstellen wie die Düse an einem Gartenschlauch. Mit einem gebündelten Strahl kannst du besser zielen als mit vielen breiten Wasserstrahlen. Knick und Düse in den Giftzähnen zusammen sind das Erfolgsrezept der Speikobras.

Fieses Gift

Das Gift führt, wenn es in die Augen gelangt, zu Sehstörungen oder Blindheit. Doch auch, wenn die Schlange dich beißt, statt zu spucken, kommst du nicht ungeschoren davon. Das Nervengift lähmt die Atmung und führt zum Herzstillstand. Außerdem verursacht es schwere Gewebeschäden. An der Bissstelle können große Wunden entstehen, im schlimmsten Fall sind gebissene Körperteile nicht mehr zu retten.

Kugelfisch

WANTED

64

Tödliche Delikatesse

In Japan entscheidet der Koch über Leben und Tod. Zumindest wenn du dort in ein Restaurant gehst und Kugelfisch, Fugu genannt, bestellst. Schon eine winzige Unachtsamkeit des Kochs bei der Zubereitung dieses besonderen Leckerbissens genügt, um dich ins Jenseits zu befördern. Denn das Gift des Kugelfisches gehört zu den stärksten Giften, die in der Natur vorkommen.

Das Gift

Schon winzige Mengen Tetrodotoxin, so heißt der tödliche Stoff, reichen aus, um einen Menschen zu töten. Ein Erwachsener stirbt schon bei einer Menge von 0,5 bis 1,5 Milligramm Kugelfischgift. Damit ist der runde Fisch bis zu 100-mal giftiger als eine Schwarze Witwe. Ein Gegengift gibt es übrigens nicht.

Mal mehr, mal weniger giftig

Es gibt fast 190 verschiedene Kugelfischarten. Nicht alle sind gleich giftig. Außerdem schwankt die Konzentration des Gifts im Lauf der Jahreszeiten und ist nicht überall im Fischkörper gleich verteilt.

WANTED
KUGELFISCH

Größe: 2 Zentimeter (Zwerg- oder Erbsenkugelfisch) bis 1,2 Meter (Riesenkugelfisch)

Farbe: je nach Art braunschwarz, gelb, weiß, grau, blau, grünlich, getupft oder gestreift

Lebensraum: tropische, subtropische und warme Meere, häufig an Korallenriffen; manche Arten im Süßwasser

Nahrung: Schnecken, Schalentiere, gelegentlich Mückenlarven

Waffe: Gift

- tödlich
- **lebensbedrohlich**
- äußerst gefährlich
- gefährlich

65

Tod bei vollem Bewusstsein

Wurde der Kugelfisch auf dem Teller nicht vorschriftsmäßig ausgenommen, merkt der Gast das recht schnell. Bereits innerhalb einer Viertelstunde können die ersten Vergiftungserscheinungen auftreten.

Das kannst du dir so vorstellen: Zuerst spürt man ein Brennen und Prickeln auf der Zunge und den Lippen. Dieses Gefühl kann sich bis in die Zehenspitzen fortsetzen. Die Muskeln sind bald darauf nicht mehr zu spüren und es kommt zur Lähmung. Dann setzt die Atmung aus. Bis zum eintretenden Tod nach vier bis sechs Stunden ist der Vergiftete bei vollem Bewusstsein.

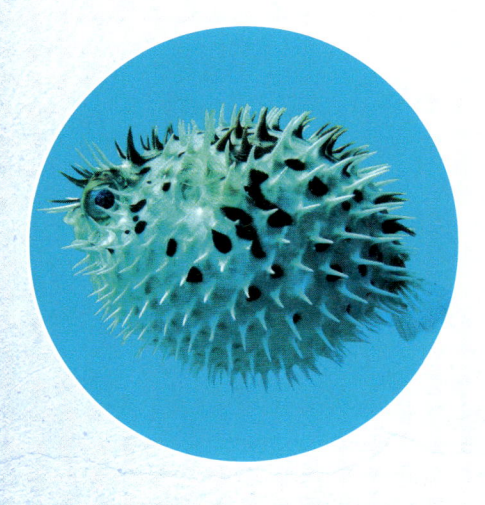

FUGU-KÖCHE

Nur wer eine zweijährige Ausbildung zum Fugu-Koch nachweisen kann, darf den todbringenden Fisch in Japan zubereiten. Trotzdem kommt es immer wieder zu Todesfällen. In ganz Europa ist die Zubereitung deshalb verboten.

Hochgiftige Eingeweide

Der Kugelfisch stellt das Gift nicht selbst her, sondern nimmt es in Form von Bakterien über seine Nahrung auf und sammelt es im Körper an. Tödlich sind vor allem die Innereien des Kugelfisches. Sie müssen äußerst behutsam entfernt werden. Erst dann kann das ungiftige Muskelfleisch vom Fachmann für eine Mahlzeit zubereitet werden.

Mehr als giftig

Auch wenn du den Fisch nicht essen willst, kann er dir gefährlich werden. Die Begegnung mit ihm verläuft dann zwar nicht mehr tödlich, aber immerhin noch schmerzhaft. Denn neben Gift besitzt der Kugelfisch zwei weitere beeindruckende Waffen, um sich vor allem gegen tierische Angreifer zu verteidigen.

GEFÄHRLICHES ZAHNWACHSTUM

Wenn du dir so einen Fisch im Aquarium hältst, musst du ihn regelmäßig mit Gehäuseschnecken füttern, damit sich die Zähne abnutzen, sonst wachsen sie über das Maul und der Fisch verhungert.

Feind im Anmarsch

Bei Gefahr oder Erregung bläst sich der sonst eher gewöhnlich aussehende Fisch zu einer imposanten Kugel auf. Dazu pumpt er Wasser in einen Teil seines Magens, bis er kugelrund und viel größer als vorher ist. Gleichzeitig stellen sich kleine, spitze Stacheln auf, die im Normalzustand nicht zu sehen sind. So gelingt es auch Tieren mit einem großen Rachen nicht, den Kugelfisch problemlos zu schlucken.

Finger weg!

Mit seinem schnabelähnlichen Beißapparat knackt der Kugelfisch selbst harte Muscheln. Die messerscharfen Zähne nutzen sich dabei stark ab, es wachsen aber neue nach. Mit seinem kräftigen Gebiss kann er unvorsichtigen Tauchern auch schon einmal einen entgegengestreckten Finger abbeißen.

Komodowaran

WANTED

68

Urzeit-Tier

Der Komodowaran ist die größte Echsenart der Welt. Seine Geschichte reicht Millionen von Jahren zurück, dabei wurde er erst im 20. Jahrhundert auf der recht abgelegenen Insel Komodo entdeckt.

Saurier oder Drachen?

Mit seiner äußerst massigen Gestalt, den starken Beinen, langen Zehen und sehr scharfen Klauen, einem langen Schwanz, der schuppigen Haut und der gespaltenen Zunge erinnert der Komodowaran an Dinosaurier oder Drachen aus alten Sagen und ist genauso gefährlich.

Heimtückische Waffe

Der Komodowaran tötet nicht nur durch Gift, sondern auch durch die gefährlichen Bakterien in seinem Speichel. Wenn der Waran seine Beute beißt, gelangen das Gift und die Bakterien in die Wunde. Das führt innerhalb kurzer Zeit zu starkem Blutverlust oder einer Entzündung, an der die Beute schließlich stirbt.

Die Bakterien im Speichel sind aber nicht nur für seine bevorzugten Beutetiere tödlich, sondern auch für Menschen. Du solltest dir also lieber zweimal überlegen, ob du dich einem Komodowaran so weit näherst, dass er dich beißen kann.

WANTED KOMODOWARAN

Länge: 1,9 bis 3 Meter

Farbe: erdbraun, grau-grünlich

Lebensraum: indonesische Inseln

Nahrung: Echsen, Schlangen, Vögel, Affen, Hirsche, Wildschweine, Wasserbüffel, aber auch Aas

Waffe: Gift, Bakterien im Speichel

- tödlich
- lebensbedrohlich
- äußerst gefährlich
- **gefährlich**

69

Im Hinterhalt

Der Komodowaran kann bis zu 18 Kilometer in der Stunde zurücklegen. Für die längere Verfolgung anderer Tiere ist das aber nicht schnell genug. Er lauert ihnen deshalb an Wildwechseln, das sind regelmäßig von Tieren genutzte Wege, auf. Regungslos wartet er versteckt, bis sich ein Beutetier zeigt. Dann schießt er plötzlich hervor.

Geschnappt!

Kleinere Tiere beißt oder drückt er tot. Größere Beute ringt er zunächst zu Boden. Dann fügt er ihr viele Bisswunden zu oder reißt ihr gleich die Eingeweide heraus.

UNBELIEBTER „MITBEWOHNER"

Die Monster-Echse ist eine echte Touristen-Attraktion. Viele Einheimische schätzen den Waran trotzdem nicht, da er auch ihr Vieh reißt.

Scheinbares Entkommen

Hat die riesige Echse ein Tier geschnappt, gelingt es ihr nicht immer, es festzuhalten. Manchmal befreit sich das Opfer und flüchtet. Der Komodowaran muss deshalb aber nicht auf seine Mahlzeit verzichten, denn das Gift und die Speichel-Bakterien arbeiten schnell und das Tier stirbt kurz darauf am Blutverlust oder an einer Blutvergiftung. Um es aufzuspüren, setzt der Waran seine Zunge ein, mit der er die Duftspur des Beutetiers „schmecken" kann. Die Spur führt ihn auf direktem Weg zu seiner Mahlzeit.

Auf die Bäume

Kleine Warane sind gute Kletterer. Häufig verbringen die Jungtiere ihre ersten Monate und Jahre komplett auf Bäumen. Sie ernähren sich dort von Eiern und Insekten. Direkt nach der Geburt flüchten sie dorthin, denn die Eltern machen auch vor ihrem Nachwuchs nicht halt, wenn sie hungrig sind.

MENSCHENFLEISCH

Menschen gehören nicht zur Beute der Warane. Tödliche Unfälle kommen aber vor, wenn sich die Echsen in die Enge getrieben fühlen.

Im Alter am Boden

Die ausgewachsenen Tiere können ihnen in die Wipfel nicht folgen, da sie inzwischen zu schwer sind. Haben die Jungen eine Körpergröße von etwa einem Meter erreicht, verlassen sie ihr luftiges Zuhause. Sie sind dann keine leichte Beute mehr und leben auf dem Boden weiter.

Gierschlund

Männliche Komodowarane wiegen bis zu 80 Kilogramm, weibliche etwa die Hälfte. Sie sind in der Lage, Beutetiere mit einer Masse von bis zu 70 Prozent ihres eigenen Körpergewichts zu fressen! Ein ganzes Wildschwein zu futtern, ist für sie kein Problem. Das wäre ungefähr so, als würdest du mehrere Puten auf einmal verspeisen. Warane sind dazu nur in der Lage, weil sie einen unglaublich dehnbaren Magen haben.

Wildschwein

WANTED

72

Wildschwein reißt Hund

Ab und zu kommt es vor, dass ein Wildschwein einen Hund angreift. Für den Hund kann das tödlich sein. Es kommt auch vor, dass Jogger von dem wuchtigen Tier einfach umgerannt werden oder Spaziergänger einen durchaus schmerzhaften Biss nach einer Begegnung davontragen. Ist es deshalb gefährlich oder etwa lebensbedrohlich, in den Wald zu gehen?

Gefahr aus dem Unterholz?

Wildschweine meiden den Menschen in der Regel. Schließlich ist der Mensch in Europa fast der einzige Feind, den das Schwein noch hat. Wolf, Luchs und Bär leben in unseren Wäldern kaum noch und stellen darum keine große Gefahr für die Wildschweine dar. Deshalb kommt es nur ganz selten vor, dass Wildschweine gezielt Menschen angreifen. Du kannst also beruhigt im Wald spazieren gehen.

Kampfzähne

Keiler, so nennt man die männlichen Wildschweine, haben große und sehr scharfe Eckzähne. Sie sind wie ein Säbel nach hinten gebogen und können im Höchstfall bis zu 30 Zentimetern lang werden. Wenn der Keiler in der Paarungszeit gegen andere Männchen kämpft, setzt er sie als Waffe ein. Weibchen, Bachen genannt, haben wesentlich kürzere Eckzähne.

WANTED WILDSCHWEIN

Größe: Kopf-Rumpf-Länge bis zu 1,8 Meter, Höhe bis zu 95 Zentimeter

Farbe: dunkelbraun, dunkelgrau, schwarz

Lebensraum: Wälder in Europa, Asien, Nordafrika, Teile von Amerika

Nahrung: Allesfresser

Waffe: Hauer, Kraft

- tödlich
- lebensbedrohlich
- äußerst gefährlich
- **gefährlich**

Noch mal Schwein gehabt

Wildschweine werden aggressiv, wenn sie verletzt sind oder das Gefühl haben, dass ihre Jungen in Gefahr sind. Dann greifen sie auch schon mal an. Vor lauter Panik ins Wasser zu flüchten, bringt dann überhaupt nichts, denn die Schweine sind ausgezeichnete Schwimmer. Sie rennen auch schneller als du. Deshalb ist es ratsam, sich von Wildschweinen mit Nachwuchs fernzuhalten. Am besten ist, du machst einen weiten Bogen um sie und versperrst ihnen nicht den Fluchtweg.

FRISCHLINGE

Die Jungen der Wildschweine sind leicht an ihrem gelb-braun gestreiften Fell zu erkennen. Nach drei bis vier Monaten verlieren sie ihre Streifen und sind dann einfarbig wie ihre Eltern.

Überall ist es schön

Wildschweine passen sich hervorragend an. Deshalb sind sie auch so weit verbreitet und fühlen sich auf dem Land wie in der Stadt gleichermaßen wohl. Hauptsache, sie haben für den Tag ein sicheres Versteck, einen Zugang zu Wasser und eine Futterquelle. Ob es sich dabei um ein Maisfeld oder einen Komposthaufen handelt, ist ihnen total egal.

Dumme Sau? Von wegen!

Wildschweine sind schlau. Sie merken sich, wo sie besonders leicht an Futter kommen, und haben auch schnell herausgefunden, dass sie in Parks und Gärten nicht bejagt werden. In einigen Städten, wie zum Beispiel in Berlin, gibt es bereits eine regelrechte Wildschweinplage. Frech wie Oskar, trotten sie dort inzwischen auch am helllichten Tag durch Wohngebiete und Einkaufsstraßen und lassen sich auch nicht vom Autoverkehr stören, der sich hinter ihnen staut.

TRÜFFELSCHWEINE

Wildschweine haben einen guten Geruchssinn. Deshalb setzte man sie früher in Frankreich und Italien auch zur Trüffelsuche ein. Diese besondere Pilzart wächst unter der Erde und ist sehr wertvoll.

Garten-Zerstörer

Wildscheine graben und wühlen gern mit der Schnauze in der Erde. Sie suchen nach Wurzeln und Insekten, aber auch nach kleinen Säugetieren. Blumenzwiebeln mögen sie ebenfalls und deshalb graben sie nachts ganze Gärten um. Für die Besitzer ist das sehr ärgerlich. Selbst ein Zaun hilft nicht immer, denn Wildschweine können springen oder biegen den Zaun einfach auf.

Blaugeringelter Krake

WANTED

76

Der gefährlichste Krake der Welt

Von der Größe her ist der tödlichste aller Kraken eher unscheinbar. Kleine Exemplare bringen es gerade einmal auf zehn Zentimeter und die größten unter ihnen sind noch nicht einmal so breit wie eines deiner DIN-A4-Hefte. Was auf den ersten Blick so niedlich aussieht, könnte mit seiner gesamten Giftdosis bis zu 26 Menschen töten.

WANTED
BLAUGERINGELTER KRAKE

Größe: 10 bis 20 Zentimeter

Farbe: blassbraun, bei Gefahr blau-türkise Ringe

Lebensraum: Küstengewässer vor den Philippinen, Indonesien, Papua-Neuguinea, den Salomonen und Australien

Nahrung: Muscheln, Krebse

Waffe: Gift

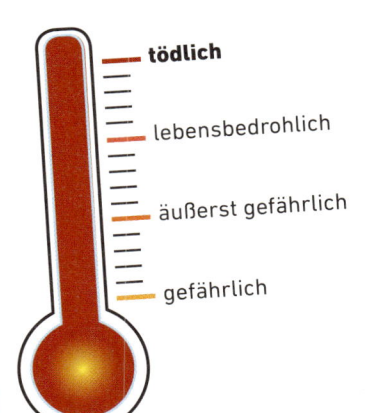

- tödlich
- lebensbedrohlich
- äußerst gefährlich
- gefährlich

Tödlicher Speichel

Der Krake stellt das Gift nicht selbst her. Es wird von Bakterien in zwei Speicheldrüsen gebildet. Das dort produzierte Nervengift ist das gleiche wie beim Kugelfisch, den du später noch kennenlernen wirst: Tetrodotoxin. Übertragen wird es, wenn der Krake sein Opfer beißt. Dann fließt Speichel von den Drüsen in seinen Mund und gelangt von dort auf das Opfer. Es wirkt innerhalb von zwei Stunden und lähmt das Zwerchfell und somit die Atmung des Angegriffenen.

Winzige Überlebenschance

Ein Mensch muss nach einem Biss schnell künstlich beatmet werden, sonst stirbt er. Entscheidend ist dabei, dass die Beatmung so lange fortgesetzt wird, bis das Gift in seiner Wirkung nachlässt. Das kann mehrere Stunden dauern. Wer so lange durchhält, kann sogar ohne bleibende Schäden davonkommen.

Wenn der Krake sauer wird

Blaugeringelte Kraken sind verspielt, zutraulich und neugierig. Wittern sie aber Gefahr und fühlen sich bedroht, machen sie das durch auffällige, leuchtende, blau-schwarze Ringe sichtbar. Dann ist Vorsicht geboten! Ändert der Krake also plötzlich seine Farbe, solltest du auf jeden Fall, so schnell du kannst, das Weite suchen.

KLEINER BISS – GROSSE WIRKUNG

Der Biss des Kraken tut nicht sonderlich weh, die Wirkung ist dagegen verheerend. Das vom Gift gelähmte Opfer erlebt seinen eigenen Todeskampf bei vollem Bewusstsein.

Des Kraken Jagdgebiet

Am liebsten hält sich der Blaugeringelte Krake in seichten Küstengewässern auf und jagt dort nach Beute. Weil er sich dabei auch gern in Muscheln und Schnecken versteckt, kommt es immer wieder zu gefährlichen Begegnungen zwischen ihm und Tauchern.

Stell dir vor, du hebst eine hübsche Muschel auf, in der es sich der Krake gerade bequem gemacht hat. Gut möglich, dass dann dein letztes Stündlein geschlagen hat ... Aber keine Angst: Normalerweise kommst du mit einem Kraken nicht in Berührung.

78

Gift als Waffe

Der Blaugeringelte Krake nutzt sein Gift nicht nur zur Verteidigung, sondern auch zur Jagd. Eine Vermutung ist, dass der Krake das Gift in der Nähe seiner Opfer verströmt. Die daraufhin gelähmte Beute verspeist er dann in aller Ruhe.

AUFTRAG ERFÜLLT

Kraken-Väter sterben schon kurz nach ihrer ersten Paarung mit einem Weibchen. Der Mutter-Krake lebt dagegen noch so lange, bis die Jungen geschlüpft sind. Insgesamt beträgt die Lebensdauer der Kraken nur etwa drei Jahre.

Perfekt geschützt

Ein Blaugeringelter Krake legt um die 50 Eier, die er entweder am Boden ablegt oder unter den Armen trägt. Räuber, die es auf ihn und seine Nachkommen abgesehen haben, sind nicht zu beneiden. Denn schon die Eier verfügen über eine Giftdosis, die jedem Angreifer schnell den Garaus macht. Den in den Eiern heranwachsenden Kraken macht das Gift nichts aus. Sie sind dagegen immun.

Pfeilgiftfrosch

WANTED

80

Abschreckend bunt

Während andere Tiere ihre Färbung zur Tarnung benutzen, warnt der Pfeilgiftfrosch seine Feinde mit leuchtend bunten und sehr auffälligen Farben.

Vorsicht, ich bin giftig! Mich zu fressen, ist keine gute Idee, teilt er den anderen durch sein buntes Aussehen mit.

Wer zu nahe kommt …

Die meisten Tiere verstehen die Warnung und halten Abstand. Wer es dennoch versucht, stellt schnell fest, dass die giftige Haut des kleinen Frosches nicht lecker ist.

Du bist, was du isst

Der kleine Frosch ist nicht in der Lage, das Gift selbst herzustellen. Stattdessen nimmt er es auf, indem er andere giftige Insekten, Spinnen oder Milben verspeist. Das Gift reichert sich in seinem Körper an.

Frösche, die in Gefangenschaft gehalten werden, können ihr Giftdepot nicht mehr durch die Nahrung auffüllen und verlieren ihre Gefährlichkeit.

Das Gift der Pfeilgiftfrösche zählt zu den gefährlichsten Tiergiften der Welt. Im Bereich der Froschgifte ist es das tödlichste.

WANTED PFEILGIFTFROSCH

Größe: bis zu 5 Zentimeter

Farbe: leuchtend blau, rot, gelb, grün, orange, teilweise mit Tupfen, Ringeln oder Punkten

Lebensraum: Mittel- und Südamerika

Nahrung: Milben, Spinnen, Ameisen, Tausendfüßer

Waffe: Gift

- tödlich
- **lebensbedrohlich**
- äußerst gefährlich
- gefährlich

Baumsteiger

Das hochgiftige Mini-Tierchen zählt zur Familie der Baumsteigerfrösche, von denen es rund 170 Arten gibt. Sie sind sehr klein, extrem bunt und gute Kletterer. Nur drei Arten sind tödlich. Vor ihnen nimmst du dich besser in Acht und suchst schnell das Weite, wenn du einen der bunten Hüpfer sichtest.

Weniger gefährlich

Die meisten Arten der Baumsteigerfrösche sind nicht so extrem giftig wie der Pfeilgiftfrosch. Das Gift der anderen Frösche tötet dich zwar nicht, kann aber immer noch Fieber, Übelkeit und Magen-Darm-Krämpfe auslösen.

Pfeilgift

Hast du eine Idee, woher der Pfeilgiftfrosch seinen Namen hat? Richtig! Sein Gift wird tatsächlich von kolumbianischen Indianern verwendet, um ihre Pfeilspitzen zu vergiften. Eine garantiert tödliche und schnell wirkende Waffe. Wird zum Beispiel ein Affe von einem vergifteten Pfeil getroffen, ist er sofort gelähmt. Er stürzt vom Baum und ist meist schon tot, wenn er auf dem Boden ankommt.

KLEINES TIER – GROSSE GIFTMENGE

Mit dem Gift eines einzigen Pfeilgiftfrosches lassen sich bis zu 50 Pfeile vergiften. Werden sie nicht gleich verwendet, schadet das nicht, denn das Gift ist auch nach Monaten noch tödlich.

Giftküche

Die Indianer gewinnen das Gift, indem sie die Frösche aufspießen und über ein Feuer halten. Die Flüssigkeit, die aus der Haut tritt, fangen sie in kleinen Behältern auf. Vor der Jagd tauchen sie ihre Pfeilspitzen dort hinein.

Bei den allergiftigsten Fröschen, wie dem Schrecklichen Pfeilgiftfrosch, reicht die Giftdosis schon aus, wenn sie mit den Pfeilspitzen nur über die Froschhaut streichen. Deshalb sammeln sie die Tierchen lebend und nehmen sie in einem Beutel oder Körbchen mit auf die Jagd.

HUCKEPACK

Sind die Larven der Pfeilgiftfrösche geschlüpft, trägt sie der Froschpapa auf dem Rücken zum nächsten Gewässer, wo sie sich zum Frosch entwickeln können.

Leben oder sterben?

Ein Frosch reicht aus, um 20 Menschen zu töten. Dazu muss das Gift aber in den Blutkreislauf gelangen, zum Beispiel über eine Wunde. Dann lähmt das sogenannte Krampfgift die Muskeln und die Atmung.

Ist die Dosis hoch genug, stirbt ein vergifteter Mensch innerhalb von 20 Minuten. Solange kein Gift in die Blutbahn kommt, ist das Fröschlein ganz harmlos.

83

Flusspferd

WANTED

84

Von wegen gemütlich

Hättest du den gemütlich aussehenden Flusspferden das zugetraut? Sie sollen die aggressivsten und damit gefährlichsten Tiere in Afrika sein. Jedes Lebewesen, das ihr Revier betritt, muss damit rechnen, von ihnen angegriffen zu werden.

Besonders von Weibchen mit Jungtieren wird berichtet, dass sie sehr leicht reizbar sind. Sie sollen sogar Boote angreifen, die ihnen zu nahe kommen, und sie gezielt zum Kentern bringen. Beißt das Flusspferd dann um sich, kann die Begegnung tödlich enden.

WANTED
FLUSSPFERD

Größe: bis zu 1,7 Meter hoch und bis zu 5 Meter lang; Zwergflusspferd bis zu 80 Zentimeter hoch und bis zu 1,2 Meter lang

Farbe: grau

Lebensraum: Afrika

Nahrung: Gräser, Wasserpflanzen, Früchte

Waffe: scharfe Zähne, Kraft

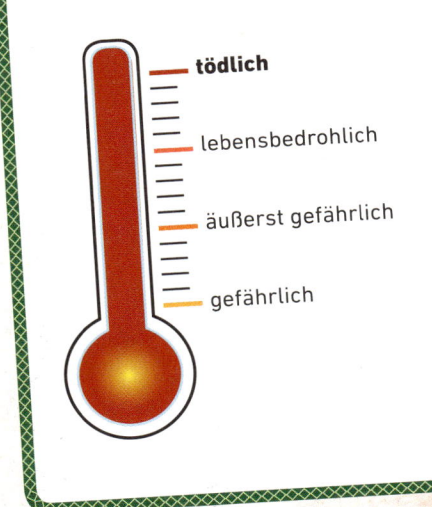

- tödlich
- lebensbedrohlich
- äußerst gefährlich
- gefährlich

Zähne zeigen

Will das Flusspferd sein Revier verteidigen, versucht es zuerst, den Eindringling mit Drohgebärden zu vertreiben. Dazu wird der Gegner angestarrt, das Maul weit aufgerissen und die scharfen, hauerartigen Eckzähne werden gezeigt. Die unteren können bis zu 30 Zentimeter lang werden – so lang wie dein Lineal!

Auf in den Kampf

Reicht das nicht aus und der Eindringling verschwindet nicht, kommt es zum Kampf. Unter Flusspferden werden diese Auseinandersetzungen erbarmungslos geführt und nicht selten stirbt eines der Tiere dabei.

Nachtwanderung

Die massigen Tiere sind reine Pflanzenfresser. Damit sie satt werden, brauchen sie pro Tag um die 40 Kilogramm Gräser oder Pflanzenteile. Kannst du dir vorstellen, wie groß ein solcher Grashaufen sein müsste? Schwierig, denn so viel Gras wächst ja nicht auf einem Haufen. Die Tiere legen dafür jede Nacht weite Strecken bis zu ihrem Futterplatz zurück. Mehrere Kilometer kommen dabei zusammen.

Plump, aber schnell

Nicht nur im Wasser, auch an Land können die plump aussehenden Tiere zur Gefahr werden. Denn sie können mit fast 50 Stundenkilometern erstaunlich schnell rennen. Zum Vergleich: Ein Mensch schafft zwischen 15 und 40 Stundenkilometer.

Auf dem Hippo-Pfad

Auf dem Weg zu ihren Weidegründen legen Flusspferde regelrechte Trampelpfade an, denen sie unbeirrt folgen. Wenn du das Pech hast, ihnen dort zu begegnen, wirst du gnadenlos überrannt. Zumindest, wenn du dich zwischen Koloss und Wasser befindest, denn die Tiere fliehen bei Panik immer in Richtung der Wasserstelle. Bei mehreren Tonnen Flusspferdgewicht geht das selten gut aus.

TOD DURCH FLUSSPFERD

Kein anderes Säugetier in Afrika ist für mehr Todesfälle verantwortlich als das Flusspferd. Auch wenn man die Attacken aller anderen Wildtiere dort zusammenzählen würde, bliebe das Flusspferd der Spitzenreiter.

Vorsicht Sonnenbrand!

Tagsüber döst das Flusspferd am liebsten im Wasser. Dann sind von ihm nur die Nasenlöcher, die Augen, die kleinen Ohren und vielleicht ein Stückchen vom Rücken zu sehen. Solange die Sonne scheint, verlässt es das Wasser nur ungern, denn das gewaltige Tier hat eine sehr empfindliche Haut und bekommt leicht einen Sonnenbrand.

MÄSSIGE SCHWIMMER

Obwohl sie sich den ganzen Tag lang im Wasser aufhalten, schwimmen Flusspferde nicht besonders gut. Wo immer es geht, bewegen sie sich laufend über den Flussgrund. Das machen sie allerdings mit großer tänzerischer Eleganz.

Blut und Wasser schwitzen

Flusspferde können nicht schwitzen. Damit die Haut außerhalb des Wassers feucht bleibt und nicht rissig wird, sondern Flusspferde eine rote Flüssigkeit ab. Früher dachte man deshalb, sie würden Blut schwitzen.

Inzwischen haben Wissenschaftler herausgefunden, dass der farbige Schleim die Tiere nicht nur vor Überhitzung schützt, sondern gleichzeitig eine desinfizierende Wirkung hat.

Anakonda

WANTED

88

Groß, riesig, gigantisch

Wenn du Berichte über die Große Anakonda hörst, wird garantiert erwähnt, dass die Schlange sehr groß, oder besser gesagt, sehr lang ist. In anderen Erzählungen wird sie als riesig oder sogar gigantisch beschrieben. Kein Wunder, denn sie gehört zu den längsten Schlangen der Welt, zu den Riesenschlangen. Ob es aber wirklich Exemplare gibt, die 10 Meter lang werden, ist nicht ganz sicher. Denn meistens ist sie zusammengerollt oder befindet sich zum Teil unter Wasser, ist also nie in ganzer Länge zu sehen.

WANTED ANAKONDA

Länge: 2 bis 9 Meter

Farbe: braun bis olivgrün, mit ovalen oder runden schwarzen Flecken auf dem Rücken

Lebensraum: Urwaldflüsse in Südamerika

Nahrung: Wasserschweine, Kaimane, Vögel, Echsen, Schildkröten

Waffe: Kraft

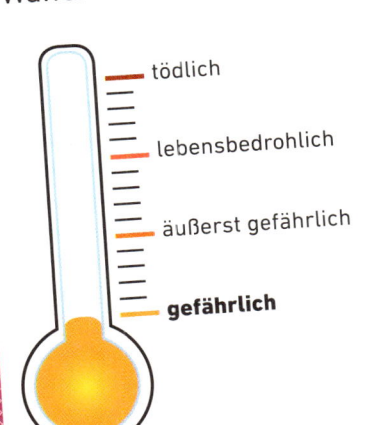

- tödlich
- lebensbedrohlich
- äußerst gefährlich
- **gefährlich**

Kraftpaket

So eine lange Schlange wird auch ziemlich dick. Wenn du deinen Bauchumfang messen würdest und dann den der Großen Anakonda – was meinst du, wer gewinnt? Wahrscheinlich ist es die Riesenschlange. Hinter so viel Masse steckt auch eine Menge Kraft. Die braucht sie, um ihre Opfer zu überwältigen und zu töten. Die gewaltige Schlange hat nämlich keine Giftzähne und ist auch außerhalb des Wassers nicht schnell, dafür kann sie aber sehr gut ringen.

Eingewickelt und abgedrückt

Hat die Große Anakonda ein Beutetier geschnappt, wickelt sie sich mehrmals um es herum. Dann drückt sie zu, bis kein Blut mehr durch die Blutbahnen der Beute fließt. Für sie ist das genauso leicht wie für dich, das Wasser in einem Gartenschlauch abzudrücken. Wenn das Blut das Gehirn und die Organe nicht mehr versorgt, wird das Tier bewusstlos und stirbt schließlich.

Elefanten-Mörder

Der Name Anakonda setzt sich aus den tamilischen Wörtern „anai" und „kolra" zusammen. Übersetzt bedeutet das Elefantenmörder. Nun gibt es in Sri Lanka, wo der Name herkommt, zwar Elefanten, aber keine Anakondas. Und dort, wo die Riesenschlange zu Hause ist, trifft sie keine Elefanten an. Wahrscheinlich brachten portugiesische Händler den Begriff, der in Sri Lanka für Pythons verwendet wird, von dort nach Südamerika.

Mit Haut und Haar

Die Riesenschlange verspeist ihre Beute in einem Stück mit dem Kopf zuerst. Bei der Größe ihrer Beute ist das ein grausiger Anblick. Ein Wasserschwein zum Beispiel ist immerhin über einen Meter lang und mehr als einen halben Meter hoch, also etwa so groß wie ein großer Hund. Menschen greift sie aber nur an, wenn sie sich von ihnen bedroht fühlt. In dem Fall gibt es kein Entkommen.

Ausgiebige Mahlzeit

Bis ein ganzes Schwein oder ein Hirsch in der Schlange verschwunden ist, dauert es Stunden. Damit es überhaupt hineinpasst, kann die Große Anakonda ihre Unterkiefer einfach aushaken. Die Knochen hängen wie an Gummibändern und können sich deshalb enorm weit voneinander entfernen. Nun wandert das Beutetier Stück für Stück in den riesigen Schlund. Mit Muskelbewegungen schiebt sie die Beute immer tiefer in sich hinein. Entkommen kann das Opfer nicht mehr, denn die Schlange hat viele spitze Zähne, die das Tier gut festhalten.

WEHRLOS

Ausgewachsene Anakondas haben kaum Feinde. Dabei sind sie völlig wehrlos, wenn sie gerade fressen oder dabei sind, ein großes Beutetier zu verdauen.

Baden mit Anakonda

Die Riesenschlangen halten sich bevorzugt im Wasser auf. Sie sind sehr gute Schwimmer. Trotzdem fressen sie am liebsten Landtiere. Wie das zusammenpasst, fragst du dich? Ganz einfach: Sie lauern im Fluss an Stellen, wo die Landtiere zum Trinken hinkommen. Dann schnellen sie aus dem Wasser und schnappen zu.

Dornenkronenseestern

WANTED

92

Tod den Korallen

Dornenkronenseesterne sind extrem gefräßig. Ihre Lieblingsspeise sind Steinkorallen. Die finden sie zum Beispiel am Great Barrier Reef vor der Küste von Australien. Die nachtaktiven Tiere fallen in der Dunkelheit über die Korallen her und zerstören sie. Ein einziger Seestern kann in einem Monat einen ganzen Quadratmeter Koralle wegfuttern. Das erscheint dir vielleicht nicht viel, wenn du dir dann aber vorstellst, dass manchmal Millionen dieser Seesterne über die Korallenbänke herfallen, ist das eine gewaltige Zerstörung.

Heuschrecken der Meere

Seesterne findest du niedlich? Diesen sicherlich nicht. Alle paar Jahre gibt es eine regelrechte Dornenkronenseestern-Invasion. Dann vermehren sich die Tiere so rasant, dass Millionen von ihnen im Meer auf Futtersuche gehen. Wie ein Schwarm Heuschrecken grasen sie die Korallenbänke ab und hinterlassen riesige Flächen, auf denen nur noch weiße Skelette übrig bleiben.

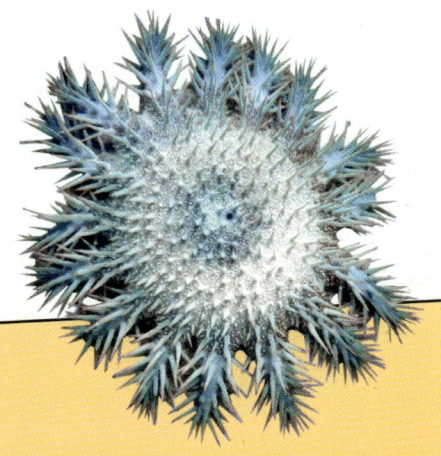

Millionenfacher Nachwuchs

Ein Dornenkronenseestern-Weibchen kann um die 65 Millionen Eier pro Jahr produzieren. Sie werden während der Laichzeit ins Wasser abgegeben und dort von den Spermien befruchtet, die die Männchen ebenfalls ins Wasser abgeben.

WANTED
DORNENKRONEN-SEESTERN

Größe: Durchmesser bis zu 40 Zentimeter, Stacheln 4–5 Zentimeter lang

Farbe: unterschiedliche Färbungen, von rot über braun bis blau, grün und gelb

Lebensraum: Korallenriffe, Indopazifik von der Ostküste Afrikas bis zum Golf von Kalifornien, Australien, Philippinen

Nahrung: Steinkorallen

Waffe: Gift

- tödlich
- lebensbedrohlich
- äußerst gefährlich
- **gefährlich**

Korallen schlürfen

Zum Fressen klettert ein Dornenkronenseestern auf die Koralle und wölbt sich über sie. Erst stülpt er seinen Magen nach außen, dann spritzt er einen Verdauungssaft über sie. Das Korallengewebe löst sich auf und wird flüssig. Den Korallensaft kann der Seestern nun ganz genüsslich aufschlürfen, so wie du eine Limo durch den Strohhalm saugst. Hat er die Koralle erledigt, zieht er den Magen wieder ein.

Groß, stachelig, giftig

Der Dornenkronenseestern hat kaum Feinde. Nur wenige Tiere wagen sich an ihn heran. Zum einen ist er beeindruckend groß, zum anderen durch seine langen, giftigen Stacheln gut geschützt. Außerdem scheint er nicht zu schmecken. Von einigen Kröten- und Drückerfischen weiß man, dass sie ihn ab und zu vertilgen, und auch das Tritonshorn, eine große Meeresschnecke, frisst ihn manchmal. Zu deren Leibspeise zählt er aber leider nicht.

ÄRMCHEN AB, ÄRMCHEN DRAN

Der Kampf gegen diese gefräßigen Seesterne ist nicht leicht. Zerstückeln bringt nämlich gar nichts. Ist ein Arm ab, wächst einfach ein neuer nach. Echt gruselig!

94

Giftstacheln

Auf der Seestern-Haut sitzen unzählige, schwenkbare Stacheln. An ihrer Spitze sind sie dreikantig. Dadurch können sie sich tief in das Fleisch von Tauchern bohren. In den Stacheln befinden sich Drüsen, in denen sich das Gift befindet. Es ist für Menschen, Tiere und Pflanzen gefährlich.

SEESTERNE VERGIFTEN

Weil die Dornenkronenseesterne eine große Bedrohung für die Korallenriffe sind, werden sie bekämpft. Absammeln dauert recht lange und ist wegen der Giftstacheln äußerst gefährlich. Deshalb wird den Seesternen Gift in jeden einzelnen Arm gespritzt. Innerhalb weniger Stunden sterben die Schädlinge ab.

Stachel im Fleisch

Den Stich des Dornenkronenseesterns merkst du sofort, denn die Verletzung ist sehr schmerzhaft. Die Einstichstelle schwillt an und rötet sich. Sie kann auch warm werden oder sich taub anfühlen. Wurdest du von mehreren Stacheln getroffen, wird dir schlecht und du musst dich übergeben. Dieser Zustand kann mehrere Tage anhalten. Bei der Berührung des Seesterns bricht der Stachel oft ab. Bleiben Teile davon in der Wunde, kann Gewebe absterben und die Heilung Monate dauern.

Gürtelskolopender

WANTED

NAMENVIELFALT

Scolopendra cingulata ist der lateinische Name des Tieres. Auf Deutsch heißt er Gürtelskolopender. Daneben existiert auch noch die Bezeichnung Mittelmeerskolopender.

Tropischer Skolopender

WANTED
GÜRTELSKOLOPENDER

Größe: bis zu 12 Zentimeter

Farbe: lehmgelb bis braun, Ränder der Segmente dunkler gefärbt

Lebensraum: Südeuropa

Nahrung: Insekten, kleine Wirbeltiere

Waffe: Gift

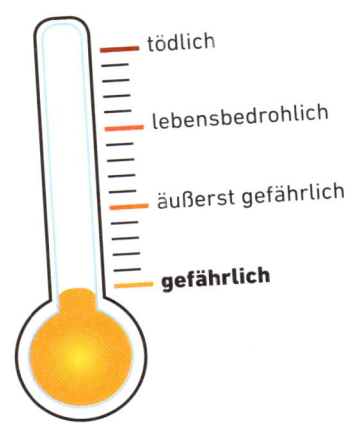

- tödlich
- lebensbedrohlich
- äußerst gefährlich
- **gefährlich**

Skolopender? Nie gehört!

Das Tier mit dem merkwürdigen Namen ist dir vielleicht in der einen oder anderen Form sogar schon einmal im Urlaub begegnet. In Spanien, Frankreich, Italien und Griechenland ist es zu Hause. Es handelt sich um einen Hundertfüßer. In der Gattung *Scolopendra* gibt es weltweit die größten Hundertfüßer. In den Tropen werden einige von ihnen bis zu 25 Zentimetern lang. Der Gürtelskolopender, von dem hier die Rede ist, wird zum Glück „nur" halb so lang. Aber auch das ist für die meisten Menschen noch erschreckend groß.

Beine über Beine

Pro Körpersegment besitzt der Europäische Riesenläufer, wie der Gürtelskolopender auch genannt wird, ein Beinpaar. Insgesamt bringt er es auf 21 Paare. Von Hundertfüßer kann also gar keine Rede sein. Das erste Beinpaar ist zu einer Giftzange umgebildet. Sie wird eingesetzt, um die Beute zu lähmen. Der Gürtelskolopender benutzt sie aber auch zur Verteidigung.

Räuber mit Giftklauen

Im Gegensatz zu Tausendfüßern sind Hundertfüßer Räuber. Durch ihre langen Giftklauen sind sie in der Lage, auch größere Beutetiere, wie junge Eidechsen, zu überwältigen. Sie sind echte Koordinationskünstler und können sich mit ihren vielen Beinen erstaunlich schnell fortbewegen, ohne zu stolpern. Einige Skolopender-Arten können ihr letztes Beinpaar als Zange benutzen.

Was kriecht in der Nacht aus Ritzen und Spalten?

Der Gürtelskolopender ist nachtaktiv. Im Schutz der Dunkelheit verlässt er sein Versteck und begibt sich auf die Jagd. Den Tag verbringt er in den Ritzen und Spalten von Mauerwerk, unter Steinen, Laub und in Hohlräumen im Boden. Dort sind die Krabbler vor Hitze und Licht geschützt und trocknen nicht so schnell aus. Hundertfüßer brauchen immer eine feuchte Umgebung.

Scolopendra spinipriva   Gürtelskolopender

ALLEIN AUF WEITER FLUR

Hundertfüßer sind Einzelgänger. Sie gehen allein auf Beutezug und kommen nur zur Paarung zusammen. Wenn dir also eines der Tiere begegnet, kannst du ziemlich sicher sein, dass dir an dieser Stelle nicht massenhaft weitere Tiere über den Weg laufen.

Jagdglück

Haben sie ihre Beute aufgespürt, greifen sie blitzschnell mit den Giftklauen zu. Sie packen ihr Opfer mit den ersten Beinpaaren und fangen sofort an, es zu verspeisen. Dabei rollen sie sich und ihre Beute ein Stück ein und verhindern damit einen möglichen Fluchtversuch. Wird ein Skolopender selbst angegriffen, haut er nicht ab, sondern beißt gleich zu. Auch so große Gegner wie Menschen schrecken ihn nicht ab. Also lieber aufpassen!

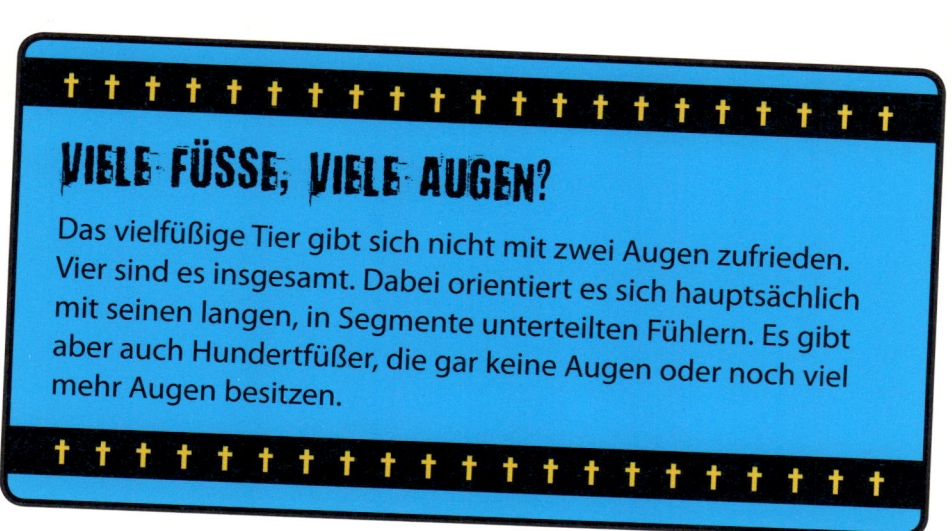

VIELE FÜSSE, VIELE AUGEN?

Das vielfüßige Tier gibt sich nicht mit zwei Augen zufrieden. Vier sind es insgesamt. Dabei orientiert es sich hauptsächlich mit seinen langen, in Segmente unterteilten Fühlern. Es gibt aber auch Hundertfüßer, die gar keine Augen oder noch viel mehr Augen besitzen.

Nervengift

Der Hundertfüßer injiziert ein Nervengift in sein Opfer. In den durchbohrten Klauen verlaufen die Giftdrüsen, aus denen der tödliche Stoff in das Opfer gespritzt wird. Für seine kleinen Beutetiere, zum Beispiel Insekten, ist das tödlich, für dich zum Glück nicht. Du solltest dich aber trotzdem nicht mit ihm anlegen, denn der Biss eines Hundertfüßers ist sehr schmerzhaft. Wenn sich sein Gift im menschlichen Körper ausbreitet, kann es zu Kreislaufbeschwerden, Schweißausbrüchen, Lähmungserscheinungen und Gleichgewichtsstörungen führen. Vielleicht musst du dich auch übergeben. Sicherheitshalber solltest du einen Arzt aufsuchen.

Ein Erdläufer

Tiger

WANTED

100

Geborenes Raubtier

Der Tiger ist die größte noch lebende Raubkatze der Welt. Als Raubtier ist er geboren, um zu töten. Manchmal reichen dafür schon ein Prankenhieb und ein gezielter Biss. Am liebsten frisst er große Beutetiere wie Wildrinder oder junge Elefanten.

Tiger und Mensch

Der Mensch steht von Natur aus nicht auf seinem Speiseplan. Trotzdem kommt es in einigen Gegenden vermehrt zu Tigerattacken, die für den Menschen in aller Regel tödlich enden.

Im Gebiet der Menschenfresser

Im Mangrovendschungel der Sundarbans, einem Gebiet zwischen Indien und Bangladesch, leben Tiger, die sich an Menschenfleisch gewöhnt haben und auf den Geschmack gekommen sind. Fischer, Holzfäller oder Honigsammler, die sich in das Gebiet wagen, werden zur leichten Beute der Großkatzen. Ohne Waffen haben sie gegen die Tiger keine Chance, denn körperlich sind sie ihnen weit unterlegen.

TIGERKRÄFTE

Den geschmeidigen Tieren sieht man ihre Kraft manchmal gar nicht an, dabei sind sie in der Lage, das Zweifache ihres eigenen Körpergewichtes zu tragen.

WANTED
TIGER

Größe: bis zu 1,1 Meter hoch und 1,5 bis 2,8 Meter lang (ohne Schwanz)

Farbe: orange mit schwarzen Streifen, Bauch und Innenseite der Beine weiß; sehr selten komplett weiße Tiere

Lebensraum: China, Teile Russlands und Indiens, Sumatra, Südostasien

Nahrung: Wildrinder, Antilopen, junge Elefanten, Hirsche, Wildschweine, wenn nötig auch kleinere Tiere wie Dachse, Hasen, Schildkröten, Frösche und sogar Heuschrecken

Waffe: Kraft, scharfe Zähne und Krallen

- tödlich
- lebensbedrohlich
- äußerst gefährlich
- gefährlich

Beute machen

Tiger sind ausgezeichnete Jäger. Sie haben ein gutes Gehör und scharfe Augen. Die brauchen sie auch, denn ihre Beute versteckt sich wie sie selbst im Dschungel, zwischen Bäumen oder im hohen Gras.

Der Angriff

Den Angriff kannst du dir so vorstellen: Der Tiger schleicht sich lautlos an. Dann springt er mit einem gewaltigen Satz aus dem Hinterhalt auf seine Beute, reißt sie zu Boden und tötet sie mit einem Biss in Kehle oder Nacken. Das getötete Tier schleppt er zum Fressen an einen sicheren Ort.

ZUNGENRASPEL

Die Zunge des Tigers ist mit kleinen, hakenähnlichen Tupfern bedeckt. Sie werden Papillen genannt. Durch sie ist die Zunge so rau wie ein Reibeisen. Der Tiger schabt mit ihr die Fleischreste von den Knochen.

Immer den richtigen Zahn parat

Tiger besitzen 30 Zähne verschiedener Zahnarten. Jeder Zahntyp erfüllt eine bestimmte Funktion. Mit den scharfen Eckzähnen, auch Fangzähne genannt, wird die Beute gerissen. Die vorderen Schneidezähne eignen sich bestens, um Fell oder Federn zu entfernen, und die Backenzähne reißen das Fleisch von den Knochen und zerschneiden es.

Die Fangzähne des Killers

Die mächtigen Fangzähne erreichen ungefähr die Länge eines menschlichen Fingers. Die Eckzähne im Unterkiefer sind immer ein bisschen kürzer als die oberen. Zwischen den Fang- und Backenzähnen hat der Tiger eine Zahnlücke. Dort fehlt kein Zahn, sondern der freie Platz dient dazu, die gebogenen Eckzähne möglichst tief in die Beute zu schlagen.

VOM AUSSTERBEN BEDROHT

In Asien leben nur noch wenige Tausend Tiger. Nicht nur ihr schönes Fell ist begehrt, bestimmte Körperteile finden auch Verwendung in der traditionellen asiatischen Medizin. Werden sie weiter gejagt, ist diese beeindruckende Tierart bald ausgerottet.

Lieber allein

Tiger sind Einzelgänger. Männchen und Weibchen leben in getrennten Gebieten. Sie treffen sich nur zur Paarung und das Tigerweibchen kümmert sich anschließend drei Jahre lang um den Nachwuchs. Die Töchter bleiben anschließend häufig im Revier der Mutter.

Ein eigenes Revier

Die männlichen Jungtiere machen sich auf die Suche nach einem eigenen Gebiet. So ein Tigerrevier musst du dir riesig vorstellen. Es kann mehrere Hundert Quadratkilometer groß sein.

Anophelesmücke

WANTED

104

Unscheinbarer Mörder

Wer hat schon Angst vor einer Mücke? Du wahrscheinlich auch nicht. Dabei rafft die scheinbar harmlose Stechmücke *Anopheles* jedes Jahr etwa eine Million Menschen dahin. Die Fieber- oder Malaria-Mücke, wie sie auch genannt wird, überträgt gefährliche Krankheitserreger.

Schnelle Hilfe ist gefordert!

Da die Krankheitssymptome erst nach einigen Tagen auftreten und stark an Grippe erinnern, wird die Krankheit oft nicht rechtzeitig erkannt. Doch nur eine schnelle Behandlung kann das Leben eines Betroffenen retten.

Malaria

Die heimtückische Krankheit Malaria wird durch Plasmodien ausgelöst. Das sind einzellige Lebewesen, die beim Stich der Mücke in das menschliche Blut gelangen. Die Plasmodien bilden ihr ansteckendes Stadium in der Mücke aus und wandern dort in die Speicheldrüsen. Über den Speichel der Mücke werden die Erreger bei einem Stich übertragen.

Eine ständige Veränderung des Erregers hat zur Folge, dass es gegen Malaria noch keinen Impfstoff gibt.

WANTED ANOPHELESMÜCKE

Größe: 3 bis 20 Millimeter

Farbe: bräunlich

Lebensraum der Anopheles mit Malariaerregern: rund um den Äquator, Tropen, Subtropen (die Gattung *Anopheles* ist weltweit verbreitet, aber nicht alle Arten übertragen Malaria)

Nahrung: Pflanzensaft, Blut

Waffe: Krankheitserreger

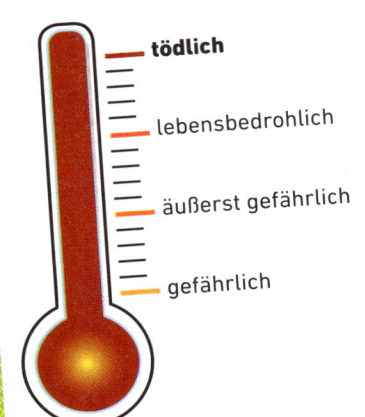

- tödlich
- lebensbedrohlich
- äußerst gefährlich
- gefährlich

Die Blutsauger sind weiblich

Nur die weiblichen Mücken saugen Blut. Sie benötigen die Blutmahlzeit zur Entwicklung ihrer Eier. Dabei kommt es ihnen vor allem auf die im Blut enthaltenen Eiweiße an. Die Männchen sind harmlos und ernähren sich von Pflanzensäften.

Mensch oder Tier

Von den insgesamt 420 Anopheles-Arten übertragen ungefähr 40 Malaria. Einige von ihnen bevorzugen tierisches Blut, zum Beispiel von Haustieren, und saugen nur selten bei Menschen.

SÜSSES BLUT?

Manche Menschen werden häufiger gestochen als andere. Das liegt aber nicht daran, dass sie besonders süßes Blut haben, wie es oft heißt, sondern an der Zusammensetzung ihres Hautgeruchs.

Opfer erschnuppern

Die Malaria-Mücke besitzt einen gut ausgeprägten Geruchssinn. Bis zu einer Entfernung von 70 Metern kann sie ihr nächstes Opfer erschnuppern. Sie wird angezogen von der Atemluft und kann verschiedene Hautgerüche unterscheiden. Schweißgeruch mag sie besonders. Dieser Geruch setzt sich beim Menschen aus mehreren Bestandteilen zusammen. Die Mückenweibchen stechen die Personen, die für sie am verlockendsten duften.

Von Sonnenuntergang bis Sonnenaufgang

Die fiese Stechmücke ist besonders nachts aktiv. Mit Beginn der Dämmerung macht sie sich auf die Suche nach Beute. Bis zum Sonnenaufgang ist sie unterwegs. Damit stellt sie sicher, dass sie in Ruhe ihre Mahlzeit einnehmen kann, denn zu dieser Zeit schlafen ihre Opfer meistens.

NACH DEM STICH

Die Einstichstelle juckt stark. Ist der Mensch mit Malaria infiziert, treten hohes Fieber, Magen-Darm-Beschwerden, Krämpfe und Schüttelfrost auf. Ohne Behandlung kann der Patient ins Koma fallen und sterben.

Lebensrettende Netze

Am besten kannst du dich gegen die todbringenden Mücken bei Anbruch der Dunkelheit mit bodenlanger, heller Kleidung, die den ganzen Körper bedeckt, schützen. In der Nacht verhindern Moskitonetze und Fliegengitter die Angriffe, denn die feinen Maschen versperren den Mini-Mördern den Weg zum Schlafenden.

Mückenmittel zum Auftragen auf die Haut wirken dagegen nur, wenn selbst die kleinste Hautstelle eingerieben wurde, denn die Mücken finden garantiert jede unbehandelte Stelle.

Unter so einem Moskitonetz kann dich die gefährliche Mücke nicht erwischen.

Seeschlange

WANTED

108

Das stärkste Schlangengift der Welt

Das Gift von Seeschlangen ist noch stärker als das der meisten Landschlangen. So kann zum Beispiel schon ein tausendstel Gramm vom Gift der Oliven Seeschlange einen Menschen töten. Du solltest dir also gut überlegen, ob du dich mit ihr anlegst, wenn du tauchen gehst.

Auch die anderen Seeschlangen verfügen über Giftzähne. Abhängig von der Schlangenart ist mal mehr und mal weniger Gift nötig, um einen Menschen umzubringen.

Plattschwanz-Seeschlangen

Es gibt ungefähr 56 Arten von Seeschlangen. Diese Arten teilen sich in zwei Gruppen: die Ruderschwanz-Schlangen und die Plattschwanz-Schlangen.

Plattschwanz-Seeschlangen verlassen das Wasser, um ihre Eier an Land abzulegen. Sie halten sich dort auch gern auf, um auszuruhen und Sonne zu tanken.

Ruderschwanz-Seeschlangen

Ruderschwanz-Seeschlangen bleiben dagegen ihr ganzes Leben im Wasser und bringen ihre Jungen auch dort zur Welt. Nach der Geburt führt der erste Weg der Kleinen direkt an die Wasseroberfläche, wo sie Luft holen.

WANTED SEESCHLANGEN

Länge: je nach Art 1,2 bis 2,8 Meter

Farbe: verschiedene Grundfarben mit Streifen

Lebensraum: tropische Meeresregionen des Indischen und Pazifischen Ozeans

Nahrung: Fische, Laich, Krebstiere, Kopffüßer

Waffe: Gift

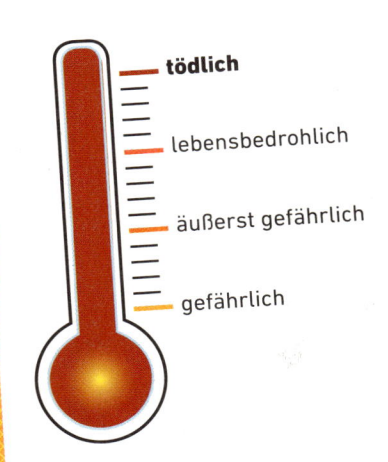

- tödlich
- lebensbedrohlich
- äußerst gefährlich
- gefährlich

Extrem-Taucher

Seeschlangen atmen über eine Lunge und können trotzdem stundenlang unter Wasser bleiben. Du kannst wahrscheinlich gerade mal ein paar Minuten die Luft anhalten.

Wie macht die Schlange das? Für ihre langen Tauchgänge ist sie mit einem extrem langen Lungenflügel ausgestattet, der bis in die Schwanzspitze reicht. Dort speichert sie Luft. Einige Schlangen tauchen bis zu zwei Stunden und bis zu 80 Meter tief, bevor sie wieder Luft schnappen.

Dem Tod ins Auge blicken

Begegnet dir beim Tauchen oder Schnorcheln eine Seeschlange, hat dein letztes Stündlein noch lange nicht geschlagen. Die geschmeidigen Tiere sind zwar hochgiftig, aber sehr friedlich und eher beißfaul. Im Normalfall flieht die Schlange vor dem Taucher. Nur während der Paarungszeit oder wenn sie sich bedroht fühlt, ist sie angriffslustiger.

VERWIRRSPIEL

Einige Seeschlangen verwirren ihre Feinde durch ihr Aussehen. Die Färbung des Kopfes wiederholt sich am Schwanzende, sodass ein Angreifer nur schwer unterscheiden kann, wo bei der Schlange vorne und hinten ist. An welchem Ende soll er nun angreifen?

Schlangenbiss

Seeschlangen haben im vorderen Teil des Mauls fest sitzende, aufrecht stehende Giftzähne. Mit ihnen durchdringen sie problemlos die Haut von Menschen. Durch die hohlen Giftzähne spritzen sie das Nervengift tief in die Wunde des Opfers. Es lähmt dessen Nervenbahnen und zerstört sie.

Glück gehabt!

Häufig verspritzen die Schlangen aber nicht ihren gesamten Giftvorrat, weil bei ihren Beutetieren schon kleine Mengen tödlich sind. Menschen kommen deshalb manchmal unbeschadet davon.

BISSFOLGEN

Nach einem Biss wird der Hals trocken und die Zunge wird schwer. Übelkeit, Erbrechen und Panikattacken folgen. Die Lähmung breitet sich von den Beinen über den ganzen Körper aus. Die Atmung setzt aus, der Tod tritt nach spätestens drei Tagen ein.

Tödliche Sorglosigkeit

Trotzdem kommt es in den Küstenregionen Südostasiens immer wieder zu tödlichen Unfällen mit Seeschlangen. Bei den Fischern sind sie ein beliebter Fang. Da sie wissen, dass die Schlangen sehr beißfaul sind, greifen sie die Tiere häufig mit der bloßen Hand, um sie aus dem Wasser zu ziehen. Viele von ihnen bezahlen diesen Leichtsinn mit ihrem Leben, da in den Fischerorten nur selten ein Gegengift vorrätig ist.

Grizzly

WANTED

112

Braunbär oder Graubär?

Der Grizzly ist eine Unterart der Braunbären. Er gehört damit zu den größten Raubtieren an Land. Seinen Namen verdankt er seiner Fellfarbe. Das Unterfell ist immer dunkler als das Oberfell, das in grau-weißen Spitzen ausläuft. Das englische Wort „grizzly" bedeutet übersetzt „gräulich".

WANTED GRIZZLY

Größe: etwa bis zu 1,5 Meter hoch und bis zu 2,5 Meter lang

Farbe: braun mit grauen Spitzen, rotblond bis fast schwarz

Lebensraum: Nordamerika

Nahrung: Allesfresser

Waffe: Kraft, scharfe Zähne und Krallen

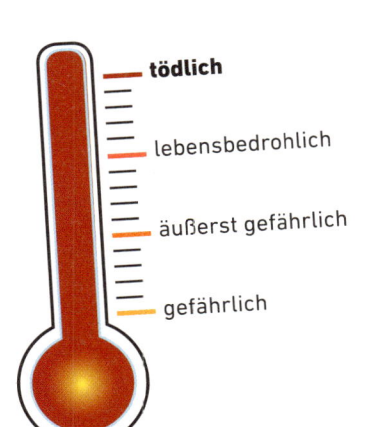

- tödlich
- lebensbedrohlich
- äußerst gefährlich
- gefährlich

Farbvarianten

Ob die Grundfarbe ihres Fells eher schwarz oder rötlich ist, hängt davon ab, in welcher Region die Grizzlys leben und welche Nahrung sie zu sich nehmen. Im Sommer wird das Fell insgesamt etwas heller. Das ist wie bei deinen Haaren, wenn du lange in der Sonne warst.

Wenig wählerisch

Grizzlybären sind Allesfresser. Das bedeutet, dass sie nicht nur andere Tiere fressen, wie Hirsche oder Lachse, sondern auch alle Arten von Pflanzen. Mit ihren riesigen Tatzen graben sie nach Wurzeln und Knollen oder heben Ameisennester aus.

Sie vernaschen Beeren genauso wie Pilze, Insekten und Larven. Alle Arten von Nagetieren stehen auf ihrem Speiseplan, aber auch so große Tiere wie der Bison. Wenn sie die Möglichkeit bekommen, reißen sie auch Weidetiere wie Schafe und Rinder.

In Menschennähe

Da Grizzlys alles fressen, bedienen sie sich auch gern an menschlichen Lebensmitteln, die in ihre Reichweite gelangen, sogar an Keksen und Eiscreme. Besonders in den Nationalparks und auf Campingplätzen kommt es deshalb häufiger zu unerwünschten Begegnungen von Bär und Mensch. Sind Lebensmittel nicht bärensicher verwahrt oder liegt Abfall herum, lockt der Geruch die gefräßigen Bären an und es kann sehr gefährlich werden!

Mächtiger Hieb

Ein Prankenschlag des Grizzlys reicht, um einen Elch zu töten. Da kannst du dir wahrscheinlich vorstellen, dass er auch mit Menschen kurzen Prozess machen kann. Die Kraft dazu hat er.

In die Enge getrieben

Seine Kraft setzt der Grizzly in der Regel aber nur ein, wenn er beim Fressen überrascht wird, seine Jungen verteidigt oder in die Enge getrieben wird. Sonst sucht er meistens von ganz allein das Weite.

GLÖCKCHEN GEGEN GRIZZLY

Um den Bären nicht zu überraschen oder zu erschrecken, wird in Bärengebieten empfohlen, auf sich aufmerksam zu machen. Glöckchen an den Stiefeln oder laute Gespräche sollen den Grizzly vertreiben.

Bärenhunger

Zur Vorbereitung auf ihre Winterruhe fressen sich die Bären eine dicke Speckschicht an. Bis zu 40 Kilogramm Futter nehmen sie pro Tag zu sich. Täglich bringen sie dadurch an die drei Kilogramm mehr auf die Waage. Das ist auch nötig.

Denn obwohl sie während der Ruhemonate ihre Körpertemperatur drosseln und deshalb nicht so viele Kalorien verbrauchen, müssen sie ungefähr vier Monate lang von dem leben, was sie sich angefressen haben.

BEERENZEIT IST BÄRENZEIT

Grizzlys lieben reife Beeren. Deshalb ist besondere Vorsicht geboten, wenn man die Früchte sammeln geht. Auch der Bär weiß, wo die besten Sträucher stehen.

Im Schlaraffenland

In Nordamerika kommt es zur Zeit der Lachswanderungen zu regelrechten Bärentreffen an den Flüssen. Sie warten dort auf die Fische, die die Flüsse hinauf zu ihren Laichplätzen ziehen.

Um über die Stromschnellen zu kommen, springen die Lachse hoch aus dem Wasser, manchmal direkt in das weit geöffnete Grizzlymaul. Tagelang wird gefressen. Dabei wählt der Bär nur die fettreichsten Teile des Fisches. Der Rest bleibt liegen.

Aga-Kröte

WANTED

Plump, groß …

Eine weibliche Aga-Kröte wird im Normalfall über 20 Zentimeter groß. Sie wiegt mehr als ein Kilogramm. Die Männchen sind etwas kleiner. Wie alle Krötenarten hat die Aga eine gedrungene, kompakte Körperform.

… und giftig

Die Haut der Aga-Kröte ist warzig und normalerweise trocken. Das ändert sich, wenn sie über die Hinterohrdrüsen und die Hautdrüsen am Rücken Gift absondert, um sich zu verteidigen. Stell dir mal vor: In Bedrängnis kann sie das Gift sogar zwei Meter weit spritzen! Abstand halten ist deshalb ratsam.

WANTED AGA-KRÖTE

Größe: bis zu 23 Zentimeter

Farbe: grüngelb bis braunrot

Lebensraum: Australien, Mittel- und Südamerika, Philippinen, Taiwan, Japan, Hawaii, Florida, Puerto Rico, Mauritius

Nahrung: Allesfresser

Waffe: Gift

- tödlich
- lebensbedrohlich
- **äußerst gefährlich**
- gefährlich

Krötengift

Ihr Gift ist sehr wirksam. Manche Tiere sterben bereits, wenn sie nur in Kontakt mit dem Krötengift kommen. So ergeht es beispielsweise Hunden, die das warzige Geschöpf im Maul davontragen. 15 Minuten später sind sie bereits tot. Aber auch für größere Tiere wie Krokodile endet der Genuss der Kröte in vielen Fällen tödlich.

Das Gift ist auch für Menschen gefährlich. Starke bis tödliche Vergiftungen treten aber nur auf, wenn du die Kröte oder ihre Eier isst.

Die Kröte als biologische Waffe

1935 wurden 100 Aga-Kröten mit einem Spezialauftrag nach Australien gebracht. Sie wurden dort ausgesetzt, um einen Schädling zu fressen, der die Zuckerrohrernte vernichtete. Die Kröten-Einfuhr war ein totaler Misserfolg. Die Schädlinge vermehrten sich munter weiter, weil die Kröte noch Winterschlaf hielt, während sie schon aktiv waren.

Unbeliebte Einwanderer

Viel schlimmer war noch, dass die Aga keine natürlichen Feinde hatte und heimische Tierarten mit ihrem Gift tötete. Die Aga-Kröten vermehrten sich in ungeahnter Schnelligkeit. Aus 100 Kröten sind mittlerweile geschätzte 200 Millionen geworden.

Verfressene Plagegeister

Die gierigen Biester fressen, was ihnen begegnet: Insekten, Spinnen, Würmer, Bienen, kleine Säuger, Amphibien, selbst Hunde- und Katzenfutter nehmen sie gern. Sie erobern ganze Landstriche und sind inzwischen zu einer handfesten Plage geworden.

KRÖTENJAGD

Die australische Regierung ruft inzwischen zur Jagd auf die Kröten auf. Obwohl Tausende dieser Tiere dabei den Tod finden, reicht das bei Weitem nicht aus, um zu verhindern, dass sie sich weiter ausbreiten.

Evolution im Zeitraffer

Bisher waren Wissenschaftler davon ausgegangen, dass Veränderungen in der Natur und Anpassungen an veränderte Lebensumstände nur sehr langsam vonstattengehen. Von mehreren Millionen Jahren ist die Rede – ein Zeitraum, den du dir sicher nicht richtig vorstellen kannst. Bei der Kröte brauchst du das auch nicht, denn sie vollzieht, wie auch einige ihrer Fressfeinde, eine rasante Entwicklung.

KRÖTENDROGE

Das Gift der Kröte kann in geringer Dosierung eine berauschende Wirkung haben. Zu viel davon führt aber zu Übelkeit, Krämpfen oder auch zu Herzrhythmusstörungen.

Sich selbst Beine machen

Früher hatte die Aga eher kurze Beine. Auf ihnen bewegte sie sich im Jahr bis zu zehn Kilometer. Inzwischen sind die Beine um einiges länger geworden und sie kann die fünffache Strecke zurücklegen.

Geschrumpfte Köpfe

Die Schlangen, die Fressfeinde der kleinen Ungetüme, waren auch nicht untätig. Bei zwei Arten ist die Größe der Köpfe zum Beispiel so weit geschrumpft, dass sie nur noch kleine Kröten fressen können. Deren Giftmenge reicht nun nicht mehr aus, um den Schlangen zu schaden.

Schwarze Mamba

Im Guinnessbuch der Schlangen-Monster

Die Schwarze Mamba ist die längste Giftschlange Afrikas. Einige Exemplare können bis zu 4,5 Meter lang werden. Das entspricht der Länge eines Kombi-Wagens. Sie ist aber nicht nur sehr lang, sondern auch noch sehr schnell. Mit dir könnte sie beim Wettlauf wahrscheinlich locker mithalten. Das allein würde schon reichen, um sich als Super-Schlange einen Namen zu machen. Sie kann aber noch mehr.

Giftig und vor allem aggressiv

Die Schwarze Mamba gehört nicht zu den giftigsten Schlangen der Welt. Das gleicht sie mit ihrer enormen Aggressivität aus. Gerät sie in Bedrängnis, muss sie sich zwischen Flucht und Angriff entscheiden. Wählt sie den Angriff, hat ihr Opfer kaum eine Chance.

Der zwölffache Tod

Mit unglaublicher Schnelligkeit schießt sie vor und beißt zu. Ein Biss allein kann bereits tödlich sein. Die Schwarze Mamba geht aber auf Nummer sicher und beißt ihr Opfer bis zu zwölf Mal hintereinander. Das reicht aus, um selbst den stärksten Mann umzuhauen.

WANTED
SCHWARZE MAMBA

Länge: 2,2 bis 4,5 Meter

Farbe: olivbraun, dunkelbraun, dunkelgrau, am hinteren Rücken mit dunklen Flecken, Bauchseite gelblich oder grünlich

Lebensraum: Afrika, südlich der Sahara

Nahrung: Mäuse, Ratten, Hörnchen, Vögel, Fledermäuse, Klippschliefer

Waffe: Gift

- tödlich
- lebensbedrohlich
- äußerst gefährlich
- gefährlich

Angriff am Boden und aus der Höhe

Im Gegensatz zu vielen anderen Schlangen jagt die Schwarze Mamba am Tag. Eine Begegnung mit Menschen lässt sich deshalb kaum vermeiden, zumal sie sich gern in der Nähe von Häusern aufhält.

Sie ist eine gute Kletterin. Angriffe aus luftiger Höhe auf den Kopf- und Nackenbereich von Menschen kommen deshalb genauso vor wie Bodenattacken.

Unterschlupf

Ihren eigenen Unterschlupf findet die Schwarze Mamba in Höhlen, Baumstümpfen, alten Termitenhügeln, aber auch auf Dachböden von Farmhäusern.

Giftcocktail

Ihr Gift besteht aus verschiedenen Bestandteilen. Es wirkt ebenso auf die Nerven wie auf Muskeln und Gewebe und ist in allen Bereichen hochwirksam. Für einen Menschen ist eine Dosis von 15 bis 20 Milligramm Mambagift tödlich.

SCHWARZE MAMBA?

Der Name scheint auf den ersten Blick eine Verwechslung zu sein, denn ihre Haut ist gar nicht schwarz. Reißt sie bei einem Angriff dann ihr Maul weit auf, siehst du ihren tintenschwarzen Rachen.

Für die Riesenschlange ist das kein Problem, denn ein Biss genügt, um 400 Milligramm Gift in die Wunde zu pumpen. Ohne Gegengift stirbt ein Mensch innerhalb von 20 Minuten.

Die Schwarze Mamba trägt ihren Namen wegen ihres schwarzen Rachens.

Den Rückzug antreten

Begegnest du einer Schwarzen Mamba, solltest du ganz langsam den Rückzug antreten. Solange sie sich nicht bedroht fühlt, ist sie eher zur Flucht als zum Angriff bereit. Das kann dir das Leben retten.

Ein Angriff kündigt sich dadurch an, dass sie sich hoch aufrichtet, die Nackenfalte spreizt und laut zischt. Ohne Gegengift in der Tasche ist es dann nicht ratsam, sie weiter zu provozieren.

LIEBLINGSSPEISE KLIPPSCHLIEFER

Der Klippschliefer, oder auch Klippdachs, ist so groß wie ein Kaninchen, erinnert im Gesicht aber eher an eine Maus. Er wiegt zwei bis fünf Kilogramm und lebt in den trockenen und felsigen Gebieten von Afrika und Westasien. Er gehört zu den Leibspeisen der Schwarzen Mamba.

Schmerzen ade!

Wissenschaftler haben herausgefunden, dass im Mambagift enthaltene Stoffe gegen Schmerzen wirken. Die Mambalgine, wie sie die Bestandteile nennen, sollen sogar noch wirksamer als das starke Schmerzmittel Morphium sein. Zusätzlicher Pluspunkt der Mamba-Medizin: Sie macht vermutlich nicht abhängig und hat keine starken Nebenwirkungen.

123

Steinfisch

WANTED

124

Unangefochten an der Spitze

Steinfische gehören zu den giftigsten Fischen auf unserem Planeten. Ein einziger Stich ihrer Stacheln kann einen Menschen bereits töten. Im günstigsten Fall verursacht er „nur" unerträgliche Schmerzen, die tagelang anhalten können. Besonders gefährdet bist du beim Waten und Tauchen im flachen Wasser.

NUTZLOSES SCHUHWERK

Die Stacheln des Steinfisches sind so stabil, dass sie selbst durch Bade- oder Tauchschuhe aus Neopren dringen und schlimme Verletzungen verursachen.

WANTED
STEINFISCH

Länge: bis zu 40 Zentimeter

Farbe: schwarzbraun, grau, grün oder rot bei Bewuchs mit Algen, unregelmäßig gefleckt

Lebensraum: Indopazifik, Rotes Meer

Nahrung: Fische, Garnelen

Waffe: Giftstacheln

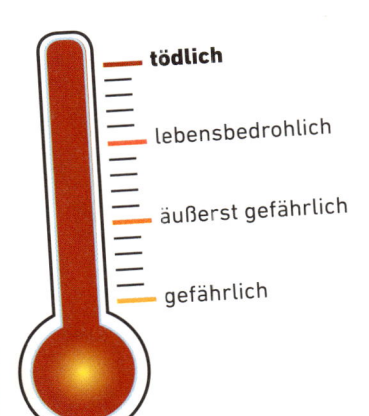

- tödlich
- lebensbedrohlich
- äußerst gefährlich
- gefährlich

Fehltritte vermeiden

Selbst für geübte Augen ist der Steinfisch nur schwer auf dem Meeresboden auszumachen. Zu perfekt ist seine Tarnung, die ihn mit den Steinen auf dem Meeresboden verschmelzen lässt. Dort versteckt er sich in Spalten oder Ritzen und lauert auf vorbeischwimmende Beute.

Genauso gern gräbt er sich halb in den Sand ein, wo er ebenfalls wenig zu sehen ist. Trittst du auf ihn oder berührst ihn, richten sich die giftigen Stacheln auf und bohren sich tief in deinen Fuß oder deine Hand.

18 tödliche Waffen

Der Steinfisch verteidigt sich mit insgesamt 72 Stacheln gegen mögliche Angreifer. Davon sind 18 Stacheln giftig. Sie sitzen in den Bauch-, After- und Rückenflossen, wo sich auch die Drüsen befinden, die das hochgefährliche Nerven- und Muskelgift herstellen. Stell dir vor, dieses Gift soll sogar noch stärker sein als das von Kobras, dem es sehr ähnlich ist!

Der Stich und seine Folgen

Trittst du aus Versehen auf einen Steinfisch, sorgt dein Eigengewicht dafür, dass sich der Stachel mit Druck in deinen Fuß bohrt. Dabei wird das Gift regelrecht in dein Fleisch gepumpt. Sofort setzt ein kaum zu ertragender Schmerz ein.

In der Folge kann es zu Lähmungen, Atemnot und Herzstillstand kommen. Mehr als die Hälfte aller Opfer stirbt innerhalb von acht Stunden, wenn keine Behandlung erfolgt.

Hilfe!

Gegen die Schmerzen hilft als Erstes ein möglichst heißes Bad der betroffenen Stelle. Dann muss aber auf jeden Fall der Arzt her. Er kann dir ein wirksames Gegenmittel spritzen, das in Australien entwickelt wurde. Seit es dies gibt, sind die Unfälle mit Todesfolge zurückgegangen.

Von Schönheit keine Spur

Steinfische sehen aus wie unförmige, bewachsene Steine. Algen und selbst Seeanemonen siedeln sich auf ihnen an. Ihre Haut ist mit Warzen bedeckt und pockig, der Körper wirkt sehr plump und wuchtig. Sie haben einen großen Kopf, auf dem die froschartigen Augen und die Maulspalte so angeordnet sind, dass sie nach oben in Richtung Wasseroberfläche zeigen.

TÖDLICH, ABER ESSBAR

Obwohl er giftig ist, wird der Steinfisch zum Teil auch als Speisefisch verwendet. Aber natürlich werden hier nur ungiftige Körperteile zubereitet.

Lauerjäger

In ihren Bewegungen sind Steinfische eher träge. Die meiste Zeit liegen sie bewegungslos auf dem Meeresgrund und warten dort auf Beute. Sie wechseln nur selten ihren Standort, denn sie sind trotz der breiten Brustflossen keine besonders guten Schwimmer.

Große Beute

Das ist auch nicht notwendig, denn aufgrund ihrer guten Tarnung machen sie ausreichend Beute. Dabei können sie Tiere bis zu ihrer eigenen Körpergröße verschlingen.

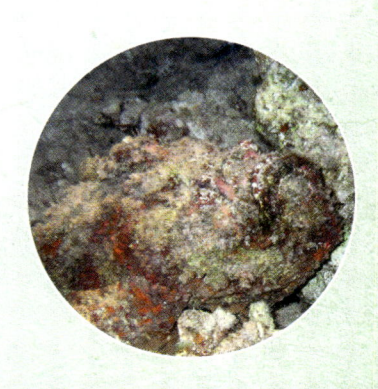

Nashorn

WANTED

128

Gewaltige Landsäuger

Das Nashorn zählt neben dem Elefanten zu den größten Landsäugetieren der Welt. Es ist gleichzeitig auch eines der ältesten Tiere. Schon in prähistorischer Zeit gab es Nashörner, damals allerdings noch viel mehr Arten als heute. So zum Beispiel das Wollnashorn, das während der Eiszeit lebte und ein dichtes, wolliges Fell hatte. Heute gibt es nur noch fünf Arten auf zwei Kontinenten.

WANTED NASHORN

Größe: je nach Art bis zu 1,8 Meter hoch und bis zu 3,8 Meter lang

Farbe: grau, braun

Lebensraum: Afrika, Asien

Nahrung: Blätter, Äste, Zweige, Knospen, Gräser, Früchte

Waffe: Kraft, Horn

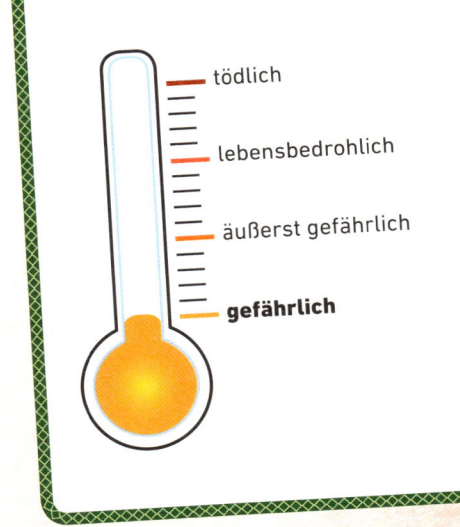

- tödlich
- lebensbedrohlich
- äußerst gefährlich
- **gefährlich**

Spitz, breit oder gepanzert?

In Afrika leben das Spitzmaul- und das Breitmaulnashorn. Auf dem asiatischen Kontinent sind das Panzernashorn, das Javanashorn und das Sumatranashorn zu Hause. Gemeinsam sind allen Arten der massige Körper, die kurzen Beine und der große längliche Kopf mit dem Horn beziehungsweise den Hörnern.

„Einhorn" oder „Zweihorn"?

Bis auf das Panzer- und das Javanashorn, die nur ein Horn besitzen, haben alle Nashörner zwei Hörner. Da der Mensch Jagd auf die Nashörner macht und die Hörner für traditionelle Kunst und Medizin nutzt, sind die heute noch lebenden Arten gefährdet oder sogar vom Aussterben bedroht.

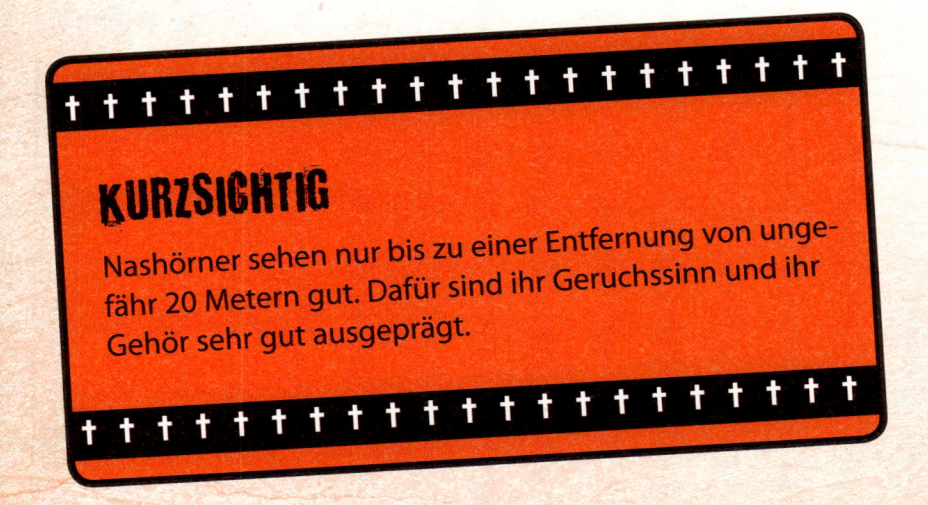

KURZSICHTIG

Nashörner sehen nur bis zu einer Entfernung von ungefähr 20 Metern gut. Dafür sind ihr Geruchssinn und ihr Gehör sehr gut ausgeprägt.

Raus aus meinem Revier!

Nashörner kennzeichnen ihr Revier mit Kot und Urin. Betritt ein anderes Tier oder ein Mensch ihr Gebiet, verteidigen sie es mit Nachdruck – zuerst mit Drohgebärden, wenn das nicht hilft, auch mit einem Angriff. Besonders, wenn die Kühe Nachwuchs haben, ist Vorsicht geboten.

Die scheinbar so behäbigen Tiere können eine Geschwindigkeit von über 40 Stundenkilometern erreichen, weglaufen bringt also nichts.

HAKEN SCHLAGEN

Nashörner sind erstaunlich wendig, wenn sie sich in Bewegung gesetzt haben. Plötzliche Richtungswechsel, ähnlich wie bei einem Hasen, sind keine Seltenheit.

Die Masse macht's

Nashörner können je nach Art bis zu 3600 Kilogramm schwer werden. Aufgrund ihrer Größe und ihres Gewichts haben ausgewachsene Tiere keine natürlichen Feinde. Deshalb sind sie eher friedfertig. Kommt es dennoch zu einem Zusammenstoß, kann es aufgrund ihrer Kraft und ihres Horns zu schweren Verletzungen kommen.

Begehrtes Horn

Ihr Horn wird vielen Nashörnern zum Verhängnis. In Asien und im Nahen Osten werden daraus Griffe für Dolche und andere Gegenstände geschnitzt. Die traditionelle chinesische Medizin setzt es zerrieben als Medikament gegen Fieber und Schmerzen ein.

HORNLOS

Wird das Horn bei einem Kampf abgerissen oder abgebrochen, wächst es nach. Bei jungen Tieren kann es vollständig ersetzt werden.

Wilderer

Die starke Nachfrage nach den Hörnern ruft Wilderer auf den Plan. Sie töten die Tiere, um an das Horn zu gelangen. Werden sie erwischt, sind hohe Strafen fällig. Da der Preis für das Horn aber ebenfalls hoch ist, schreckt das die wenigsten ab. Fast alle Nashornarten sind deshalb inzwischen vom Aussterben bedroht.

Vogelfreunde

Afrikanische Nashörner werden oft von Vögeln begleitet. Die Kuhreiter oder Madenhacker befreien die Nashornhaut von Parasiten und Maden. Offene Wunden, in denen Parasiten ihre Eier ablegen, würden ohne die Vögel nicht heilen. Sie picken die Larven heraus und die Wunde kann sich wieder schließen.

Krokodil

WANTED

132

Mächtiges Urviech

Das Krokodil gehört zu den Überlebenden der Archosaurier, zu denen auch die Dinosaurier und Vögel zählen. Mit seiner lang gezogenen Schnauze, dem Schuppenkamm auf dem Rücken, einem muskulösen Schwanz und den Hornschuppen scheint es direkt der Urzeit entsprungen zu sein.

Ohne Feinde

Das Krokodil verfügt neben Beweglichkeit, Schnelligkeit und einer unglaublichen Beißkraft über eine gute Panzerung. Natürliche Feinde hat das Krokodil deshalb nicht.

Süß oder salzig?

Während die meisten Krokodilarten im Süßwasser in Flüssen und Seen leben, zieht es das Leistenkrokodil auch auf das offene Meer hinaus. Schwimmend legt es weite Entfernungen zurück und ist so in der Lage, sich von Insel zu Insel zu bewegen.

Das Leistenkrokodil ist zugleich das größte, aggressivste und dadurch gefährlichste Krokodil. Platz zwei in Bezug auf die Größe nimmt das Nilkrokodil ein.

WANTED
KROKODIL

Länge: 1,2 bis 7 Meter

Farbe: grün, braun, dunkelgrau, mit schwarzen Flecken, auf der Bauchseite gelblich

Lebensraum: Afrika, Asien, Mittelamerika, Ozeanien

Nahrung: Insekten, Frösche, Fische, Reptilien, Schildkröten, Säugetiere, Vögel

Waffe: Kraft, scharfe Zähne

- tödlich
- **lebensbedrohlich**
- äußerst gefährlich
- gefährlich

KROKO-OPA
Die gefährlichen Fleischfresser werden sehr alt. 100 Lebensjahre und mehr sind keine Seltenheit.

Gnadenloser Menschenfresser

Krokodile fressen, was ihnen an Fleisch vor die Nase kommt. Der Mensch bildet da keine Ausnahme. Wer sich unvorsichtig in Krokodilgebieten verhält, bezahlt das im schlimmsten Fall mit seinem Leben.

Wenn du an Stränden oder Flussufern Hinweistafeln siehst, auf denen vor ihnen gewarnt wird, ist es ratsam und lebenswichtig, die Tipps darauf zu befolgen.

Auf der Lauer

Krokodile sind geduldige Jäger. Sie legen sich in der Nähe von Wasserstellen auf die Lauer. Dort verharren sie regungslos im Wasser und warten auf Beutetiere, zum Beispiel Zebras und Gnus, die dort trinken.

Gut getarnt

Dabei sind sie kaum zu sehen, weil sie mit dem Körper so tief im Wasser liegen, dass nur ihre Augen, Ohren und die Nasenlöcher herausschauen. Außerdem sind sie farblich gut an das Wasser angepasst. Das kannst du dir so ähnlich vorstellen wie einen im Wasser treibenden Baumstamm.

STARK ODER SCHWACH?

Klappt ein Krokodil das Maul zu, entwickelt es dabei ungeheure Kräfte. Die Zuschnapp-Muskeln sind sehr stark. Dagegen sind die Muskeln zum Maulöffnen extrem schwach. Schon mit einem umgebundenen Gummiband könntest du das Krokodil daran hindern, sein Maul zu öffnen.

Fette Beute

Haben Krokodile ein Tier erspäht, schwimmen sie lautlos heran. Mit einem kraftvollen Abstoß von Schwanz und Hinterbeinen schießen sie dann wie ein Torpedo aus dem Wasser, packen die Beute an ihrer empfindlichsten Stelle, zum Beispiel der Nase, und ziehen sie ins Wasser. Dort drücken sie das Tier unter Wasser, bis es ertrunken ist. Dann fressen sie es auf.

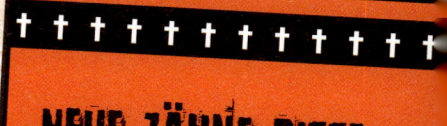

NEUE ZÄHNE BITTE

Bei Krokodilen wachsen die Zähne ein Leben lang nach. Etwa alle zwei Jahre werden sie durch neue ersetzt. So kommt ein Nilkrokodil im Laufe seines Lebens auf bis zu 45 komplette Zahngarnituren.

Zurechtwerfen …

Das Krokodil hat kegelförmige Zähne, mit denen es Nahrung nicht kauen kann. Kleinere Beutetiere wirft es mehrmals in die Luft und fängt sie wieder auf, bis sie in der richtigen Richtung im Maul liegen.

… oder schleudern

Größere Beute schleudert das Krokodil so lange hin und her, bis ein mundgerechtes Stück abreißt. Oft dreht es sich auch in der sogenannten Todesrolle um die eigene Achse, um Stücke aus der Beute herauszureißen.

Stachelrochen

WANTED

136

Tarnkünstler

Stachelrochen halten sich überwiegend in seichten Gewässern auf. Dort liegen sie flach auf dem Boden und lauern auf Beute. Meistens sind sie dabei so weit in den Sand eingegraben, dass nur noch ihre Augen herausschauen. Für Taucher sind sie deshalb kaum zu sehen und das macht sie so gefährlich.

WANTED STACHELROCHEN

Länge: bis zu 2,5 Meter (mit Schwanz)

Farbe: je nach Art olivgrün, grau oder braun mit weißen, gelben oder orangefarbenen Punkten oder dunklen Flecken auf der Körperoberseite, die Unterseite ist bei allen Rochen hell

Lebensraum: Salzwasserrochen im Pazifik, Indopazifik, Südatlantik, Mittelmeer; Süßwasserrochen im Amazonas und Paraná in Südamerika

Nahrung: kleine Fische, Krebse, Würmer, Schnecken und Muscheln

Waffe: Gift

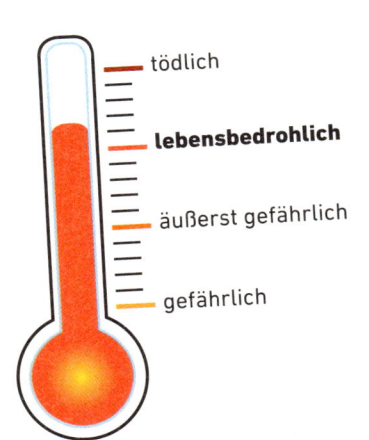

- tödlich
- **lebensbedrohlich**
- äußerst gefährlich
- gefährlich

Ufos der Meere

Stachelrochen haben einen scheibenförmigen Körper und sind breiter, als sie lang sind, wenn man den langen Schwanz nicht berücksichtigt. Der flache Fisch kann eine Spannweite von bis zu 1,5 Meter erreichen. In der Körperverlängerung befindet sich der Schwanz mit den Giftstacheln, die bei großen Exemplaren an die 35 Zentimeter lang sein können.

Lebensgefährlicher Schlag

Normalerweise sind Stachelrochen friedliche Tiere. Fühlen sie sich aber bedroht, benutzen sie den langen Schwanz mit den giftigen Stacheln wie eine Peitsche und schlagen damit zu.

Das ist bei Erschütterungen der Fall und erst recht, wenn ein Taucher aus Versehen auf einen Rochen tritt. Dann verteidigt er sich mit wilden Schwanzhieben, die zu schweren Verletzungen führen können.

Der Giftstachel

Im letzten Drittel des Schwanzes sitzen die Giftstacheln. Bei einigen Rochenarten sind sie mit Widerhaken versehen, die du dir wie Sägezähne vorstellen kannst. Trifft der Schwanz auf ein Opfer, bohren sich die Stacheln in das Fleisch und reißen durch die Peitschenbewegung große, sehr schmerzhafte Wunden, in die das Gift eindringt.

Holt einen Arzt!

Den Stich eines Rochens spürst du sofort. Zuerst brennt es stark. Die Stichstelle rötet sich, schwillt an und dir wird übel. Je nach Tiefe der Wunde kann die Verletzung durch einen Stachelrochen auch Herzrhythmusstörungen und einen Schock hervorrufen.

Ein Arzt muss die Wunde behandeln, damit es durch das Gift nicht zu schlimmen Infektionen kommt.

PROMINENTES OPFER

Der berühmte Tierfilmer Steve Irwin (1962–2006) starb durch den Stich eines Stachelrochens. Der Australier mit dem Spitznamen „Crocodile Hunter", „Krokodiljäger", arbeitete gerade an einer Dokumentation über „Die tödlichsten Tiere des Ozeans", als ihn der Stachel eines Rochens direkt ins Herz traf.

Fortpflanzung

Der Stachelrochen bringt nach einer Tragezeit von vier Monaten bis zu sechs Babys zur Welt. Die Jungen werden lebend geboren und können sich von der ersten Minute an verteidigen.

Wehrhafte Babys

Der Stachelschwanz ist bei den Jungen bereits vollständig entwickelt. Der Stachel ist hart und schon mit Gift versehen. Deshalb solltest du auch bei den süßen Kleinen Vorsicht walten lassen.

STACHELROCHEN AUFSPÜREN

Damit du gar nicht erst auf einen Rochen trittst, hilft ein schlurfender, schwerer Gang über den Meeresboden. Der Rochen spürt die Erschütterung und flieht.

Eine Nummer größer, bitte!

Die Stacheln des Rochens wachsen nicht fortlaufend mit. Deshalb werden sie etwa alle sechs bis zwölf Monate durch größere Stacheln ausgetauscht. Sie wachsen unter den zu klein gewordenen heran.

Haben sie eine bestimmte Größe erreicht, werden die darüberliegenden alten Stacheln abgestoßen. Dass der Abwurf kurz bevorsteht, ist am Ablösen der Haut am Stachelansatz zu erkennen.

Quiz

1. Welche Elefantenart gibt es?
 a) Den Europäischen Elefanten
 b) Den Mongolischen Elefanten
 c) Den Afrikanischen Elefanten

2. Welche Vögel begleiten Nashörner?
 a) Madenhacker
 b) Parasitenpicker
 c) Fliegenfresser

3. Wie weit kann die Aga-Kröte ihr Gift spritzen?
 a) 30 Zentimeter
 b) Zwölf Meter
 c) Zwei Meter

4. Der Schwarze Panther ist ein …
 a) Puma.
 b) Leopard.
 c) Jaguar.

5. Worauf zielt eine Speikobra bei ihrem Gegner?
 a) Auf die Augen
 b) Auf die Beine
 c) Auf den Körper

6. Wo leben Komodowarane im ersten Lebensjahr?
 a) In Höhlen
 b) Auf Bäumen
 c) In Nestern

7. In welchem Land ist der tödliche Kugelfisch eine Delikatesse?
 a) In China
 b) In Japan
 c) Auf den Philippinen

8. Welche Schlange wird auch Abgottschlange genannt?
 a) Die Boa constrictor
 b) Die Speikobra
 c) Die Schwarze Mamba

9. Der Blaugeringelte Krake ändert seine Farbe, wenn …
 a) er sich freut.
 b) er auf Brautschau ist.
 c) er Gefahr wittert.

10. Wie fangen Fischer die Seeschlangen?
 a) Mit der bloßen Hand
 b) Mit einem Netz
 c) Mit einem Köcher

140

11. Warum lachen Hyänen?

a) Weil sie sich so sehr freuen.
b) Weil sie frustiert sind.
c) Um einen Partner zu finden.

12. Welche von den Anophelesmücken überträgt die Krankheit Malaria?

a) Das Weibchen
b) Das Männchen
c) Beide

13. Woran ist die Portugiesische Galeere gut zu erkennen?

a) An ihrer roten Färbung
b) An ihrer Gasblase
c) An ihrer Größe

14. Am Gift des Pfeilgiftfrosches stirbt man nur, wenn …

a) man den Frosch berührt.
b) es in die Blutbahn gelangt.
c) es in die Augen gespuckt wird.

15. Der Grizzly ist ein …

a) Schwarzbär.
b) Eisbär.
c) Braunbär.

16. Wie nennt man das Gebiss eines Weißen Hais?

a) Revolvergebiss
b) Flintengebiss
c) Pistolengebiss

17. Wie viele giftige Stacheln hat ein Steinfisch?

a) 18
b) 20
c) 27

18. Die Schwarze Mamba ist so gefährlich, weil sie …

a) besonders giftig ist.
b) gut getarnt ist.
c) bis zu zwölfmal hintereinander zubeißt.

19. Die Zähne von Krokodilen …

a) fallen im hohen Alter aus.
b) wachsen ein Leben lang nach.
c) sind sehr spitz.

20. Wenn ein Dornenkronenseestern einen Arm verliert, …

a) wächst ein neuer nach.
b) stirbt der Seestern.
c) verliert der Seestern seine Stacheln.

Lösungen: 1c, 2a, 3c, 4b, 5a, 6b, 7b, 8a, 9c, 10a, 11b, 12a, 13b, 14b, 15c, 16a, 17a, 18c, 19b, 20a

141

Glossar

Aas
Der Körper eines toten Tieres, das zu verwesen beginnt

Amphibien
Wechselwarme Wirbeltiere. In der Regel haben sie eine nackte Haut und vier Beine. Sie leben im Wasser oder auf dem Land.

Antiserum
Ein Antiserum ist ein Gegengift, mit dem das Gift eines Tieres unwirksam gemacht wird.

Bakterien
Organismen, die lediglich aus einer einzigen Zelle bestehen. Sie sind nur unter dem Mikroskop zu sehen.

Ballasttank
Tank, in den Wasser gepumpt wird. Dadurch lässt sich die Schiffshöhe verringern und das Schiff kann besser gesteuert werden.

Drüse
Ein Körperorgan, das chemische Stoffe erzeugt und absondert

Evolution
Die Entwicklung und Veränderung von Lebewesen im Laufe der Zeit

Jakobson'sches Organ
Geruchsorgan vieler Wirbeltiere. Es sitzt in der Nasennebenhöhle oder im Gaumen.

Hormone
Chemische Botenstoffe im Körper. Sie übertragen Informationen und regeln wichtige Vorgänge, wie zum Beispiel Blutdruck oder Schwangerschaft.

immun
Nicht anfällig für bestimmte Krankheiten, geschützt, unempfindlich

Infektion
Ansteckung, Entzündung

Instinkt
Angeborenes Verhalten, Naturtrieb

Klimawandel
Bezeichnung für die Veränderung des Klimas auf der Erde über einen längeren Zeitraum hinweg

Lymphknoten
Kleine Knötchen, in denen sich Abwehrzellen befinden. Lymphknoten befinden sich überall im Körper.

Nesselzellen
Sie sitzen in der Außenhaut von Nesseltieren (zum Beispiel Quallen). In den Zellen ist Gift, das sie bei einem Angriff in die Haut des Opfers spritzen.

Ozeanien
Zum Kontinent Ozeanien gehören Australien, Neuseeland und mehrere Pazifikinseln, wie zum Beispiel Samoa, Papua-Neuguinea, die Fitschi-Inseln und viele mehr.

Parasiten
Schmarotzer; ein Organismus, der sich von anderen Lebewesen (Wirt) ernährt oder ihn befällt, um sich dort zu vermehren. Er kann den Wirt schädigen, tötet ihn aber normalerweise nicht.

Polyp
Eine Form von Nesseltieren. Häufig sind Polypen festsitzend (zum Beispiel am Meeresgrund). Sie können sich zu Kolonien zusammenschließen.

Psychose
Eine schwere geistig-psychische Störung

Schock
Akutes Kreislaufversagen mit unzureichender Sauerstoffversorgung von lebenswichtigen Organen

Symptome
Unter Symptomen versteht man Krankheitsanzeichen.

Tentakel
Dünne, lange, sehr bewegliche Körperextremitäten von Meerestieren. Auch einige fleischfressende Pflanzen besitzen Tentakeln an ihren Blättern.

Bildnachweis

dpa Picture-Alliance, Frankfurt: Franco Banfi/WaterFrame 4, 126 u. Kreis l.; WILDLIFE 5 m., 6 o. l., 6 m. r., 8, 14 Kreis r., 24, 27 u. r., 30 Kreis o., 35 o. l., 39 m. l., 63 o. l., 68, 70 Kreis u. l., 70 Kreis u. r., 71 o. r., 82 r., 139 o. r., 139 u. l.; Arco Images GmbH 10 o. r., 44, 45 o. r., 64, 127 m.; Reinhard Dirscherl 13 m., 15 u., 124; Borut Furlan/WaterFrame 14 o. l., 111 u. l.; picture alliance/dpa 20, 62 o. Kreis l.; picture alliance/© Bruce Coleman/Photoshot 21 m. l., 90 o. l.; picture alliance/AP Photo 21 Kreis u.; Anka Agency International 28, 88, 103 o. r.; picture alliance/Mary Evans Picture Library 45 u.; J.W.Alker 52; © Alan Root/OKAPIA 60; © dpa – Report 61 m.; Sascha Radke 67 o.; Design Pics/Pacific Stock 79 o. r.; © dpa – Jim Gathany/CDC 104; © dpa – Fotoreport 116; Mint Images 135 u. r.

www.fotolia.de: THesIMPLIFY 4, 8, 12, 16, 20, 24, 28, 32, 36, 40, 44, 48, 52, 56, 60, 64, 68, 72, 76, 80, 84, 88, 92, 96, 100, 104, 108, 112, 116, 120, 124, 128, 132, 136 (Wanted-Zeichen); Barbara-Maria Damrau (Seitenhintergrund alle Seiten); JackF 3 u. r., 9 m., 10 u., 142 u.; Alexander Tarasov 11 Kreis o.; Mariusz Blach 11 Kreis u.; DoctorJools 26 o. l.; Alex Bramwell 26 Kreis r.; www.bitis.de 33 o. l.; EcoView 39 o. l.; andrewburgess 49 u.; rookie72 50 Kreis l.; Hennie Kissling 55 o.; Taalvi 57 u., 59 u. l., 141 o. l.; alfa1 59 u. r.; fotandy 63 m. r.; wernerrieger 67 m. l.; Eric Isselée 81 o., 82 o. l.; UryadnikovS 86 o. l.; volk1945 89 m., 91 u. r.; anekoho 101 o. r., 102 o. l.; Juulijs 118 Kreis o.; mgkuijpers 121 m. l., 121 u. l.; komet25 131 o. l.; SanGero 134 m. r.; OutdoorPhoto 134 u. l.

www.istockphoto.com: tswinner 111 Kreis o.

www.pixelio.de: Marion 9 o. l., 100; Ich 17 o. r.; Nico 53 o. r.; pariah083 53 m. l.; jürgen heimerl 54 o. r.; Dirk Röttgen 59 m.; joakant 66 o. r., 126 m. l.; lia.la 87 Kreis l.; wuestenfux 87 Kreis m.; Janine Grab-Bolliger 87 Kreis r.; Kurt 103 o. Kreis l.; Dieter 103 o. Kreis r.; Mohi 125 m. r.; Martin Kummer 132; Wolfgang Dirscherl 135 o. l.

www.shutterstock.com: Natursports 7 o. m.; Christopher Wood 11 o. l.; BMJ 11 Kreis m.; Sergey Uryadnikov 11 u. l., 70 Kreis o. l.; FAUP 12; stephan kerkhofs 13 o., 65 m. l.; Cigdem Sean Cooper 15 o., 126 u. Kreis r.; Vlad61 15 Kreis r.; Matt Jeppson 17 m. r., 123 m.; DeskyCom 2 o. r., 19 o. r.; Audrey Snider-Bell 19 u. l.; Roxana Gonzalez 25 u. l.; Steve Bower 26 Kreis l.; Dr Fallow 26 u. r.; Sergey Mikhaylov 27 o. l.; emin kuliyev 29 o. l.; Geanina Bechea 29 u. l.; Ian Rentoul 30 o. r.; Volodymyr Burdiak 30 Kreis u., 31 u.; Eric Isselee 3 o. r., 31 o. l., 113 m., 140 o. l., 143 u. r.; Rusty Dodson 32, 34 Kreis o.; fivespots 33 u., 141 o. r.; Timothy Craig Lubcke 35 o. m.; panda3800 36; HamsterMan 42 u. l.; guentermanaus 43 o. r.; Matteo photos 49 m. l.; JONATHAN PLEDGER 56; Johan Swanepoel 57 o., 84; Stu Porter 58 o. l.; Michael Wick 58 o. Kreis l.; Villiers Steyn 58 u.; Stu Porter 61 l., 63 o., 63 m. l.; voffka 65 o., 67 u.; QArts 66 u. l.; David Evison 69 o. l.; Marek Velechovsky 69 m.; O lympus 70 o. r.; kkaplin 71 u.; Vetapi 72; Neil Burton 74 u. l., 75 o.; Pesat Jaroslav 74 u. Kreis l.; GUIDO BISSATTINI 75 m.; Teguh Tirtaputra 76, 78 m. r., 79 o. l., 79 m. l.; Eugene Sim 2 o. l., 77 m., 140 r.; Kevin Autret 79 m. r.; Kletr 80, 105 o., 107 r.; Aleksejs Stemmers 83 o. r.; Vadim Petrakov 89 o. r., 90 m. r.; chamleunejai 91 o. r.; Ethan Daniels 92; Christophe Rouziou 94 m. r.; Kim Briers 94 Kreis m.; James A Dawson 94 Kreis u.; Ludmila Yilmaz 101 o. l.; Ainars Aunins 105 m. l.; Amir Ridhwan 106 o. r.; Gucio_55 107 o. m.; siwasasil 107 u. r.; paul cowell 108; John A. Anderson 109 m.; Nick Poling 111 Kreis m.; outdoorsman 112; Galyna Andrushko 57 o. r.; Scott E Read 114 m. l.; Dennis Donohue 114 m. Kreis r., 115 m.; PhotosbyAndy 115 u.; Art_man 3 o. r., 117 o. l., 119 o. l.; Dirk Ercken 117 o. r., 119 o. r.; Johan Larson 117 m. l., 118 o. r.; Ryan M. Bolton 118 Kreis u.; Evelyn Kharchenko 120; Heiko Kiera 123 o. m.; Stu Porter 123 m. l.; Rich Carey 127 o. r.; Kristina Vackova 127 l.; Naas Rautenbach 128; john michael evan potter 130 o. l.; Andrelix 130 m. u. r., 140 u.; John Kasawa 133 u. r., 143 o.; holbox 136; pistolseven 138 u. l., 142 o.; Ian Scott 139 m. r.

www.123rf.com: Robert Cope 7 o. l., 7 u. r.; eyeblink 13 u.; vilainecrevette 14 Kreis l.; Jorge Casais 16; Sergei Uriadnikov 37 o., 134 o. l.; Aaron Amat 37 m., 141 u.; Sanai Aksoy 38 o. l.; tiero 38 m. r.; JATESADA NATAYO 39 o. l., 129 m. l.; SHu Chi 40; Krzysztof Wiktor 41 l., 42 Kreis r.; Andrey Shupilo 2 m. r., 41 u. r., 43 u.; forsterforest 42 o. l.; Oleksandr Ryzhkov 42 Kreis l.; Timothy Goodman 46 o. l.; petervick167 46 Kreis m.; Zoran Orcik 73 o. l.; Eric Isselee 73 m.; Mihály Samu 74 o. r.; grimplet 74 u. Kreis r.; Martin Krause 91 u. l.; Raweewat Tuntisavee 93 m. l.; Olga Khoroshunova 93 u. m., 95 u. r., 141 o. m.; PAN XUNBIN 99 m. l.; Matthew Gibson 102 Kreis o. r.; Brad Thompson 129 u. r.; Duncan Noakes 130 m. o. r.; Natalie Scheepers 131 u. r.; jasonbabos 137 o. r.; Stephan Kerkhofs 137 m. r.

Sonstige: Urheber: Terry Goss, Lizenz: cc-by-sa 5 u.; Urheber: Candace Pratt, Lizenz: cc-by-sa 14 u.; Urheber: Bernd, Lizenz: cc-by-sa 15 Kreis l.; Urheber: Jens Raschendorf, Lizenz: cc-by-sa 18 m. l.; Urheber: Nevit Dilmen, Lizenz: cc-by-sa 18 Kreis l., 59 o. l.; Urheber: Gnangarra, Lizenz: cc-by-sa 18 Kreis r.; Urheber: Ltshears, Lizenz: cc-by-sa 21 u. r., 23 u. r.; Urheber: Desmodus, Lizenz: cc-by-sa 21 o. r.; Urheber: Sandstein, Lizenz: cc-by-sa 21 Kreis o.; Urheber: Gcarter2, Lizenz: cc-by-sa 23 o. l.; Urheber: SvenGrand, Lizenz: cc-by-sa 25 o.; Urheber: Babirusa, Lizenz: cc-by-sa 2 u. r., 30 u. r., 30 Kreis m.; Urheber: Jess Servoss, Lizenz: cc-by-sa 34 o. l.; Urheber: Blueag9, Lizenz: cc-by-sa 34 u.; Urheber: TimVickers, Lizenz: cc-by-sa 45 m. l., 47 l.; Urheber: Uajith, Lizenz: cc-by-sa 46 Kreis u.; Urheber: Steve Ryan, Lizenz: cc-by-sa 48, 51 o. l.; Urheber: Davefoc, Lizenz: cc-by-sa 50 Kreis r., 51 o. r.; Urheber: B D, Lizenz: cc-by-sa 51 u. r.; Urheber: Christian Mehlführer, Lizenz: cc-by-sa 54 Kreis m.; Urheber: Christian Reinboth, Lizenz: cc-by-sa 54 m.; Urheber: Schuyler Shepherd, Lizenz: cc-by-sa 58 o. Kreis r.; Urheber: Luca Boldrini, Lizenz: cc-by-sa 61 o. l.; Urheber: Pogrebnoj-Alexandroff, Lizenz: cc-by-sa 62 o. l.; Urheber: Lee R. Berger, Lizenz: cc-by-sa 62 o. Kreis r., 62 u. r., 143 u. l.; Urheber: Brocken Inaglory, Lizenz: cc-by-sa 65 u. l.; Urheber: I, Drow_male, Lizenz: cc-by-sa 77 o.; Urheber: Jens Petersen, Lizenz: cc-by-sa 78 m. l.; Urheber: David Breneman, Lizenz: cc-by-sa 79 u. l.; Urheber: Benjamint444, Lizenz: cc-by-sa 81 m., 119 u. l.; Urheber: Micha L. Rieser, Lizenz: cc-by-sa 83 u. l.; Urheber: Patrick Gijsbers, Lizenz: cc-by-sa 83 Kreis o.; Urheber: Nomo michael hoefner, Lizenz: cc-by-sa 83 Kreis m.; Urheber: Marcel Burkhard, Lizenz: cc-by-sa 83 Kreis u.; Urheber: koles, Lizenz: cc-by-sa 85 m.; Urheber: Nilsrinaldi, Lizenz: cc-by-sa 85 u.; Urheber: BS Thurner Hof, Lizenz: cc-by-sa 87 o. l.; Urheber: Stig Nygaard, Lizenz: cc-by-sa 87 u. r.; Urheber: Albert Kok, Lizenz: cc-by-sa 95 o.; Urheber: Andrew Butko, Lizenz: cc-by-sa 96, 98 m. Kreis r.; Urheber: Mark Marathon, Lizenz: cc-by-sa 97 o. r.; Urheber: Artexnet and ivi, Lizenz: cc-by-sa 98 m. l.; Urheber: Alina Zienowicz Ala z, Lizenz: cc-by-sa 98 m. Kreis l.; Urheber: Eran Finkle, Lizenz: cc-by-sa 99 o. r.; Urheber: Fritz Geller-Grimm, Lizenz: cc-by-sa 99 u. r.; Urheber: Save China's Tiger, Lizenz: cc-by-sa 102 m. r.; Urheber: ArtMenic, Lizenz: cc-by-sa 103 u. l.; Urheber: Elias Levy, Lizenz: cc-by-sa 109 o. l.; Urheber: Aloaiza, Lizenz: cc-by-sa 110 m. r.; Urheber: Craig D, Lizenz: cc-by-sa 1 u. l.; Urheber: Andrepiazza, Lizenz: cc-by-sa 111 Kreis u.; Urheber: Schuyler Shepherd, Lizenz: cc-by-sa 114 m. Kreis r.; Urheber: Azov, Lizenz: cc-by-sa 115 o. r.; Urheber: Tad Arensmeier, Lizenz: cc-by-sa 121 o., 122 u. r.; Urheber: albert kok, Lizenz: cc-by-sa 138 m. l.